KB270109

Love Story of Caffè & Latte

Love is? (사랑이란)

만남

Fall in Love (사랑에 빠지다)

환희

방해자

동요
대립
이별
고독
미련
For (Four) Love (사랑을 위하여)

화해

성숙

청혼

축복

Paradise of Love (사랑의 낙원)

Paradise of Beauty (아름다움)

Paradise of Passion (열정)

For K. H.

Challenge (도전)

White Day

고향

나뭇가지

카페와 라떼의 사랑이야기

서일원 저

예신 Books

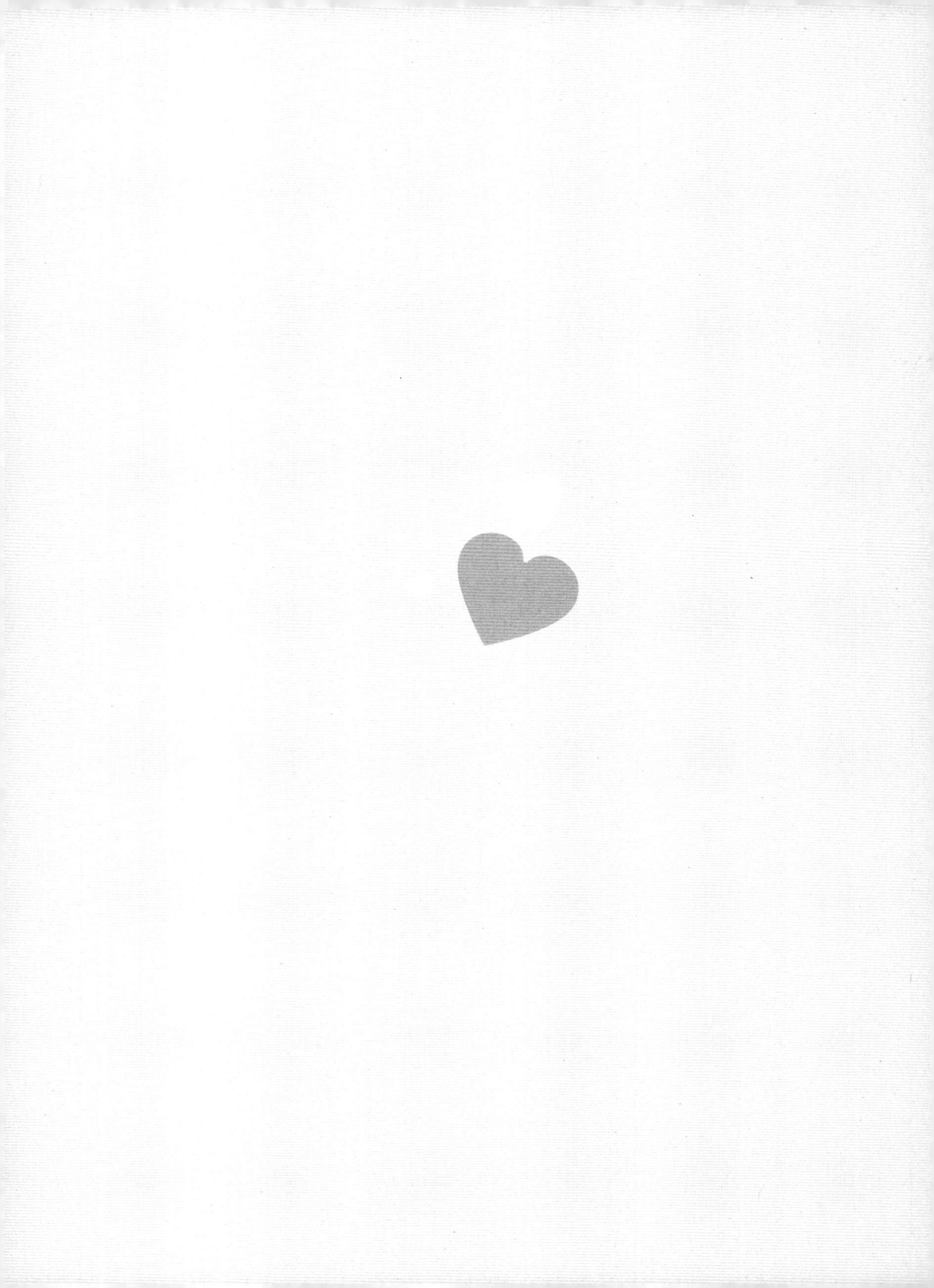

2010년 3월 27일 15시 30분, 동경발 서울행 비행기에 올랐다. 그리고 비행기는 4년만에 이륙했다. 창을 통해 나리타 공항의 풍경이 보이기 시작하자 눈에서 눈물이 났다. 거침없이, 아무 이유 없이….

2년 전 일본 시부야에 있는 전문학교 Visionary Arts, Cafe과에 들어가면서 처음 에스프레소, 라떼아트를 만났다. 그리고 라떼아트의 매력에 빠져 학교를 다니고 아르바이트를 하며 밤 12시가 넘어 귀가해서도 인터넷 동영상을 한두 시간 보고 새벽 2시가 되어서야 잠이 들었다. 새벽 아르바이트를 위해 4시 반에 일어나야 했음에도 말이다. 방학 땐 매일 학교 실습실에서 보냈다. 지금까지도 그리고 앞으로도 나만큼 그 실습실, 머신과 오랜 시간을 함께 할 이가 없을 것이다.

2009년 신주쿠에 있는 Cafe Croissant에서 일하게 된 것이 나에겐 큰 행운이었다. 빌딩 지하에 자리한 특성상 휴일은 언제나 폐점이었다. 그리고 그곳 점장이 참 좋은 사람이어서 내게 연습을 허락해 주었다. 난 일요일, 휴일은 하루도 빠짐없이 그곳에서 혼자 연습을 했다. 평균 8시간, 많게는 13시간 이상을 말이다. 내 꿈은 내 고향 문경에서 전원카페를 사랑하는 내 가족과 꾸려나가는 것이다. 그래서 나는 열심이었고 최선을 다했다. 내 꿈을 위해서는 누구보다 많이 알고, 또 실력이 좋아야 한다고 생각했고, 이는 아직도 변함이 없다.

이렇게 원고를 쓰기 시작한 것은 바로 그 때문이다. 커피, 에스프레소는 단순한 음료가 아니라는 생각을 지난 2년 동안 가지게 되었고, 서로가 따뜻한 마음을 주고 받는 것, 그것이 바로 커피의 매력이라는 것을 알게 되었다.

하지만 의외로 일반인들은 물론 카페에서 일하는 사람, 심지어는 그 사람들에게 가르치는 입장에 있는 이들조차도 에스프레소가 무엇인지 제대로 모르는 경우가 많은 것을 알았다. 단지 추출하고 돈을 받는 것이 전부였다.

커피, 에스프레소, 라떼는 그것이 아니라는 것을 알리고 싶었다. 자신의 열정과 따뜻한 맘이 들어 있을 때에만 그것이 진짜 에스프레소라는 것을 말이다.

이 책을 읽는 독자 여러분께 죄송한 맘과 부탁의 말을 하고 싶다.

여기에 실린 글과 사진은 혼자서 구성했고 작업을 했다. 그래서 문맥이 자연스럽지 못하거나 딱딱한 부분들이 많이 있을 줄 안다. 그리고 영상이 중요함에도 불구하고 일반 디지털 카메라로 직접 담아 그 선명성이 상당히 떨어진다는 것이 사실은 우려되는 부분이다. 하지만 예쁜 사진을 담기 위해 새로운 작업은 하고 싶지 않았다.

우선은 내 열정을 그대로 보여주고 싶었다. 그리고 여지껏 보여진 것처럼, 라떼아트가 책이나 일부 바리스타, 고급 카페의 전유물이 아닌, 바로 우리 곁에 있다는 것을 보여주고 싶었다. 나는 이미 말한 대로 에스프레소를 만난 지 2년밖에 되질 않는다. 또 공인 자격증이나 어떤 대회에서 입상한 적도 없다. 한마디로 공신력이 떨어진다.

난 그게 참 다행이라고 여겨진다. 여기에 실린 글, 내용들을 독자 여러분이 의심하길 바란다. 그리고 각자의 지식, 경험에 비추어 비평, 비판하여 자신의 새로운 지식으로 만들 수 있기를 부탁한다.

지난 4년이라는 시간 동안 나는 일본에서 많은 것을 보고 듣고 깨달았다. 우리나라와의 역사적, 정치적인 이해관계를 제외하면 일본이라는 나라, 일본 사람들은 참 멋지고 좋은 면들을 많이 가지고 있다고 생각된다. 이 기회를 빌어 그동안 내게 많은 도움을 준 그분들에게 깊은 감사를 표한다.

그리고, あなた ありがとう。いつまでも…。

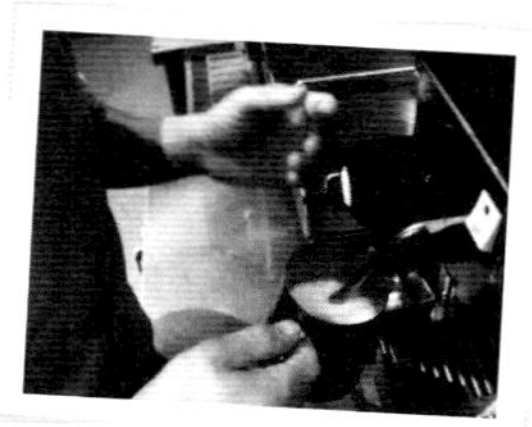

6 | 수동 배전 _ 157

Art Gallery _ 164

참고문헌 _ 172

찾아보기 _ 173

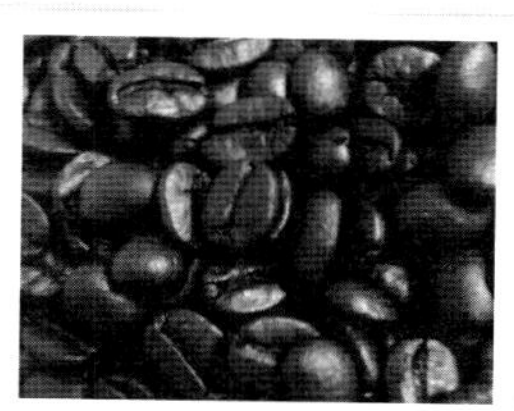

1 에스프레소 *Espresso*

1 에스프레소의 기원

이탈리아에서 시작된 에스프레소는 현재 전 세계인이 즐겨 마시며 많은 사랑을 받고 있다.

에스프레소의 원형은 터키쉬(Turkish) 커피이다. 터키쉬 커피는 이브리크(ibrik)라는 독특한 형태의 냄비를 사용한다. 분말에 가깝게 분쇄한 커피가루를 이브리크에 넣고 약한 불로 끓인 후 불에서 내린다. 그리고 다시 가볍게 3~4회 반복하여 끓인 다음, 이것을 작은 컵에 나눠 따라 가루가 가라앉으면 그 액체를 마신다.★

터키쉬 커피는 약 18세기 중반까지 유럽 거의 대부분의 나라에서 마셨다고 알려져 있으며, 18~19세기를 거치면서

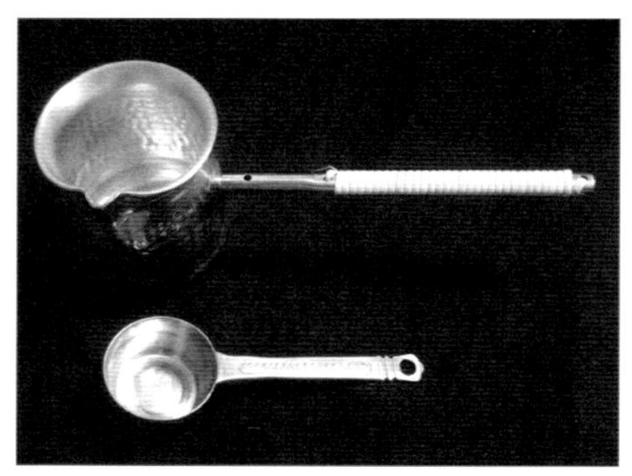

이브리크(위)와 스푼

★ 터키에는 "Coffee should be as black as hell, as strong as death and as sweet as love."와 같은 속담이 있다.

커피의 여러 가지 새로운 추출법이 개
발되고 시도되었다. 그 중 하나가 바로
에스프레소인데, 보다 빠른 추출 방법
이 요구되어 탄생한 것이다.

에스프레소 머신은 1901년 이탈리아
밀란의 루이지 베제라(Luigi Bezzera)
라는 사람이 처음으로 특허 등록하였
다. 그리고 1947년 가찌아(Gaggia) 사

에스프레소

의 레버식 머신의 등장으로, 증기압을 이용한 파코레타 형태의 머신에서(크레마가 없
는 상태) 지금과 같은 에스프레소 머신의 시대가 열리게 되었다. 당시 가찌아 사의 머
신은 '커피 본연의 크림 성분을 지닌 커피'라는 뜻의 'caffè crema di caffè
naturale'라는 문구를 이용하여 대대적으로 홍보되었다.

에스프레소라는 단어는 1906년 밀란 만국 박람회의 베제라(Bezzera) 사 쇼룸에서
'caffè espresso'라고 처음 사용되었다. '급행, 급속'이라는 뜻으로 알려진
'espresso'는 '표현하다, 짜내다, 특별하다.'라는 다른 사전적인 의미도 가지고 있
다. 여기에서 '주문에 신속히 대응하다, 밖으로 밀어내기 위해 압력을 가하다, 당신을
위해 특별히 커피를 추출하다.'라는 함축적인 의미가 파생되었다.

에스프레소는 빠르게 추출하기 위한 시도에서 탄생하였지만, 세월이 흘러도 꾸준
히 많은 사랑을 받는 것은 한 사람을 위한 특별한 추출이 이루어지기 때문이 아닐까
한다.

2 에스프레소의 추출 조건과 특성

에스프레소는 고도의 기술이 집약되어 만들어진 에스프레소 머신을 사용하여 가늘게 분쇄된 가루를 고압, 고온에서 단시간에 추출하는 커피를 말한다.

에스프레소의 추출 조건은 아래와 같다.

- **배전도** : 시티(city) 이상 (두 번째 터짐 이상의 깊은 배전 영역)
- **입도(mash)** : 가는 분쇄
- **추출 압력** : 9기압(필터에 걸리는 힘 약 7.3kg)
- **추출 온도** : 92℃ 전후(각 제조사마다 약간의 차이가 있음)
- **추출 시간** : 20~30초(25초 기준)
- **추출량** : 20~30cc(25cc 기준)

위의 추출 조건을 만족하여 정상적으로 추출된 에스프레소는 맨 윗부분의 타이거 스킨(tiger skin)이라고도 불리는 크레마(crema), 중간 부분의 보디(body), 엑기스 성분인 밑부분의 하트(heart)로 구성된다.

이렇게 추출된 에스프레소는 다음과 같은 특성을 지닌다.

에스프레소의 3개 층

- **아로마(aroma)** : 정확히 배전된 원두를 분쇄, 추출 시에 올라오는 커피 고유의 향
- **크리미니스(creaminess)** : 에스프레소 특유의 지방 성분의 두터운 크림층
- **클리어니스(clearness)** : 크레마에서 나오는 선명한 색상

- **보디 (body)** : 다른 커피 추출법에 비교한 농후함(고압, 고온 추출이라는 특수성에서 발생하는 농축도)
- **플레이버 (flavor)** : 에스프레소 자체에서 올라오는 독특한 향
- **애프터 테이스트 (after taste)** : 에스프레소를 마신 후 계속 남는 여운★

겨우 30cc에 불과한 이 액체에 왜 우리들은 매혹되고 있는가? 그리고 어떻게 하면 조금 더 매력적인 에스프레소를 만들 수 있는가? 이것을 알기 위해서는 위에서 서술한 추출 조건과 특성을 기억해야 한다. 이제부터 추출 조건과 특성에 대해 차례차례 구체적으로 살펴보자.

3 에스프레소에 관한 기본 지식

(1) 적절한 배전도

생두에 열을 가해 그 생두가 지닌 개성을 발휘시키는 것을 배전(roast)이라고 한다. 배전은 1300년대부터 시작되었다고 알려지며, 단지 불을 가하는 정도에서 열량 조절이 가능하게 된 것은 20세기에 들어서면서부터이다.

커피숍, 카페, 원두 판매점 등에 관심을 가지고 살펴보면 에스프레소에 사용되는 원두는 다른 추출법의 원두에 비해 색이 검고 오일 성분이 표면에 나와 있는 것을 알 수 있다. 에스프레소의 원두는 배전도가 깊은 제2터짐★ 의 배전도를 가지고 있기 때문이다. 그렇다면 왜 에스프레소에 사용되는 원두의 배전은 깊은 것인가? 그 이유는 다음 네 가지로 살펴볼 수 있다.

제1터짐의 옅은 배전제2터짐의 깊은 배전

첫째, 생두와 배전과의 관계를 들 수 있다. 배전이 진행됨에 따라 생두 자체에 변화가 일어난다. 쉽게 말해 배전이 깊어지면 생두가 지닌 오일 성분이 표면으로 나타나게 된다. 이 오일 성분이 표면으로 나타나려면 적어도 제2터짐의 영역까지 배전되어야 한다.

둘째, 원두와 머신, 밀(mill)과의 관계에 따른 것이다. 에스프레소를 마시기 시작한 당시에는 지금과 비교해 머신이나 밀의 성능이 훨씬 떨어졌다. 따라서 원두를 분쇄할 때 원두의 경도는 하나의 문제점이 되었다. 커피열매라고 하더라도 사용 빈도가 많아지면 밀의 커터 모터에 부하가 일어나게 된다.

만약 원두의 배전이 옅다면 그 정도는 훨씬 심하고, 설정한 입도(눈금)대로 분쇄되지 않는다. 아무리 가늘게 분쇄되고 고온, 고압의 추출 조건이라고 하더라도 에스프레소의 크레마로서 요구되는 그것을 얻을 수 없다.

셋째, 원두와 사람과의 관계에 있다. 이탈리아에서는 유럽의 다른 나라와 달리 드립커피(drip coffee), 사이폰(syphon) 등의 추출법이 그다지 사랑받지 못했다. 유독이 에스프레소만이 이탈리아인들에게 음용되었다. 이탈리아인의 입맛에는 강렬함을 가진 깊이, 단시간 추출, 단번에 마실 수 있는 30cc의 에스프레소가 아니면 안 되었던 것이다. 이탈리아인들이 요구한 맛은 옅은 배전에서가 아닌, 깊은 배전의 원두에서 나온다.

넷째, 원두와 문화와의 관계에 있다. 깊은 배전의 터키쉬 커피를 그대로 이어온 에스프레소이기에 배전도가 깊은 것은 쉽게 이해할 수 있다. 그리고 유럽 지역은 철분 성분을 많이 함유한 경수를 사용하기 때문에 커피 추출에 적합하지 않은 것으로 알려져 있다. 이는 깊은 배전의 커피가 사용된 또 하나의 이유가 된다. 하지만 근래에 들어 추출에 사용되는 에스프레소의 원두도 과거에 비해 배전이 조금은 옅어지고 있다.

(2) 밀(Mill)

커피에 사용되는 전용 분쇄기를 밀(mill)이라고 한다. 일반적으로 밀은 분쇄 방식에 따라 크게 두 가지로 나뉜다. 그라인딩 타입(grinding type)과 커팅 타입(cutting type)이 바로 그것이다.

그라인딩 타입은 멧돌처럼 생각하면 좋을

그라인딩 타입(수동 밀)

것 같다. 원두를 투입하여 회전시키면 밑으로 원두가 떨어지며 조금씩 잘게 분쇄된다. 흔히 보는 수동 밀이 대표적이다.

기계적 구조상 회전 속도가 느리며 입자의 불균일 가능성을 내포하고 있다. 비교적 분쇄 면적이 넓기 때문에 부하가 많이 일어나 마찰열이 높게 발생할 수도 있다. 수동 밀의 가공 방식은 파단, 즉 원두를 부셔 버리는 것이다. 그래서 원두의 조직 전체에 스트레스를 주는 문제점을 낳는다. 하지만 분쇄 시에 가장 문제점으로 고려되고 있는 미분의 발생은 적은 장점이 있다. 그러므로 입자가 굵은 필터 추출법에 적당하다.

커팅 타입(전동 밀)

평판형의 에스프레소 전용 밀

이에 비해 커팅 타입은 말 그대로 원두를 잘게 자르는 방식이다. 한 쌍의 커터가 서로 반대 방향으로 빠르게 회전하면서 자르는 것이다. 대표적인 예가 바로 가정용 전동 밀이다. 고속 회전으로 이루어지는 작업 특성상, 입자의 균일성 확보가 가능하며 동시에 마찰열의 발생이 적다.★ 그러나 같은 논리로 미분의 발생이 늘어나는 것이 문제이다. 미분이 그대로 추출되면 커피의 질을 떨어뜨리는 잡미의 원인으로 작용하게 된다. 또 미분이 그대로 커터에 달라붙어 날을 무디게 함은 물론, 미분이 산화되어 새로이 분쇄되는 원두에 영향을 미치기도 한다.

★ 마찰열의 발생은 실제 커팅 타입이 큰데, 이는 고속 회전에 따른 회전수가 늘어나기 때문이다.

에스프레소에 사용되는 밀 역시 두 가지 타입이 있다. 원추형(conical type)과 평판형(flat type)이 바로 그것이다. 이미 설명한 것에 적용하면 원추형은 그라인딩 타입에 속하고, 평판형은 커팅 타입에 속한다.

원추형 밀과 평판형 밀의 특성을 비교하면 다음과 같다.

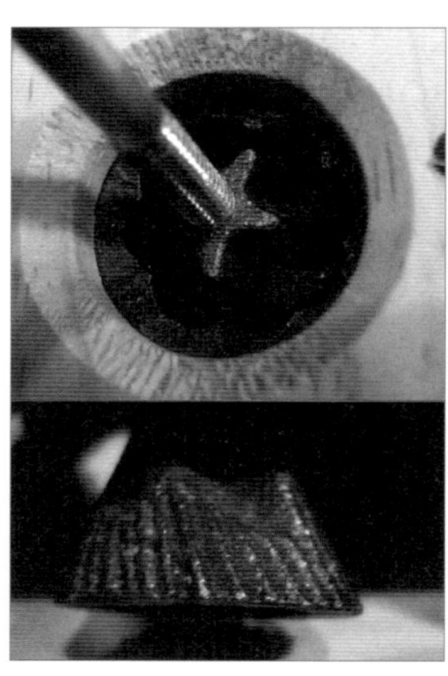

수동 밀의 날 형상(원추형)

분 류	원 추 형	평 판 형
날의 형상	원추형	평판형
rpm	300～450(저속)	1200～1300(고속)
분쇄 능력(kg/h)	18	10
내구성(kg)	1000	500
열의 발생	평판형에 비해 적음	원추형에 비해 많음
입자의 균일성	평판형에 비해 불균일	원추형에 비해 균일
소 음	비교적 적음	비교적 많음

하지만 어느 쪽이라도 영업용이라면 미분이나 열의 발생에 의한 맛의 변질에 미치는 영향은 거의 같다. 그러므로 밀의 수명이나 점포의 사용량에 맞는 능력, 소음, 디자인, 애프터서비스가 더 중요한 선택 항목이라고 생각된다.

또 하나 밀에서 유의해야 할 것은 호퍼(hopper)에 넣어두는 원두의 양이다. 항상 일정량의 원두를 유지하는 것이 좋다. 원두는 호퍼에 들어 있는 원두의 중량에 의해 튕겨남 없이 가공이 이루어진다. 만약 호퍼에 들어 있는 양에 차이가 생기면 그 중량의 차이로 인해 가공의 불균일이 발생하기도 한다.

아래 왼쪽 사진을 보면 원두가 회전하고 있는 날에 부딪혀 튕기고 있다. 이러한 현상은 호퍼에 담겨 있는 원두의 양을 절반 이상으로 유지하면 방지할 수 있다.

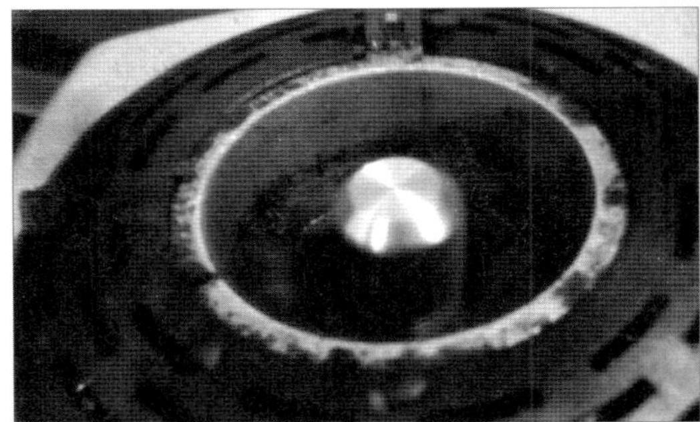

분쇄 시 원두를 고정시킬 수 있는 무게가 없어 튕겨지고 있다.

항상 반 이상의 원두를 유지하는 것이 좋다.

(3) 압력

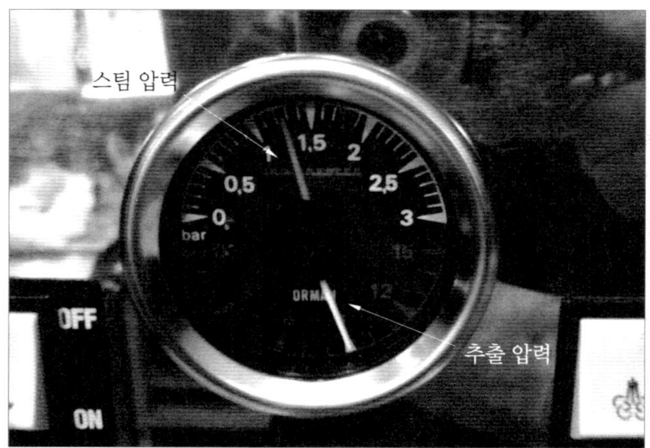

정상적인 상태의 압력 게이지

에스프레소는 9기압이라는 높은 압력으로 단시간에 추출된다. 그렇다면 9기압이라는 압력은 도대체 어느 정도의 힘일까?

9기압이라는 압력은 추출헤드 부분의 뜨거운 물을 공급하는 작은 관을 통해서 디퓨저(diffuser)와 홀더에 담긴 가루에 가해진다.

이론적으로 살펴보면 다음과 같다.

관의 면적 $= 3.14 \times 0.005 \times 0.005 = 0.0000785 \text{m}^2$ (관의 직경 10mm로 가정)

관에 작용되는 힘 $= 9$기압 $\times$ 관의 면적 (1기압 $= 101325$pa)

$$= 0.0000785 \times 9 \times 101325$$

$$= 71.6 \text{N} (1\text{N} = 1/9.8\text{kgf})$$

$$= 7.3 \text{kgf}$$

(이 수치는 관의 직경에 따라 달라지므로 각 제조사마다 차이가 난다.)

다시 말하면 7.3kg의 힘이 필터에 담겨 있는 가루에 작용한다는 것이다. 책이나 바리스타들이 탬핑 시에 어느 정도의 힘을 가하는 것도 바로 이런 이유에서이다. 최근에

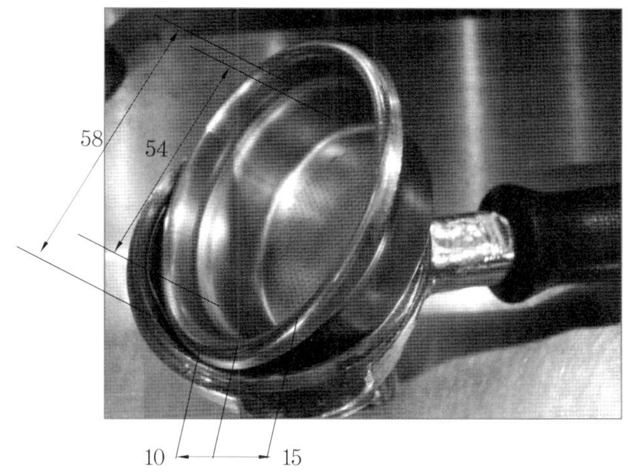

더블용 필터

는 머신의 성능 향상으로 드립식 추출법처럼 뜸들임 기능이 가능하도록 설계된 것도 있으며, 자동 탬핑 기능이 있어 그다지 힘을 가하지 않아도 되는 것도 있다. 그러나 적어도 에스프레소를 추출하는 사람이라면 9기압이라는 힘이 어느 정도인지는 알아둘 필요가 있다.

『旭屋出版 Coffee & Espresso』교과서 106 페이지에 30cc의 에스프레소 추출 시 필요한 가루의 양이 30cc, 필터의 체적이 30cc라고 적혀 있다. 정말 그런지 간이용 버니어 캘리퍼스를 사용하여 직접 확인해 보았다.

$$3.14 \times 29 \times 29 \times 10 = 26.40\text{mm}^3$$
$$+\ 3.14 \times 27 \times 27 \times 15 = 34.33\text{mm}^3$$
$$\overline{\hspace{6cm}}$$
$$60.73\text{mm}^3$$

에스프레소 더블 60cc를 추출하기 위해 필요한 가루의 양은 60cc라는 말이 된다.

(4) 크레마(Crema)

에스프레소는 다른 추출법에서는 볼 수 없는 가는 기포 형상의 크레마(crema)가 나타난다. 이 크레마는 어떻게 생겨나고, 그 정체는 과연 무엇인가?

이미 말한 대로 에스프레소는 90℃, 9기압이라는 고온 고압에서 추출된다. 이 고온 고압의 액체가 필터에 있는 가루와 접촉하여 추출될 때 압력이 급격히 떨어지고, 이때

 **에스프레소의 추출 압력은 왜 9기압인가?**

에스프레소는 왜 9기압으로 추출하는가? 압력을 가하는 것이 더 맛있게 하는 것이라면 압력을 더 높이는 것도 좋지 않을까? 그 답은 에스프레소 머신의 역사에 있다.

에스프레소 머신의 원형은 1855년 프랑스인 에드워드 루아이젤 데 상테(Edward Loysel de Santais)가 파리 만국박람회에 출품한 것에서 비롯된다. 그리고 1901년 루이지 베제라(Luigi Bezzera)에 의해 처음으로 상업용 머신이 설계되었고, 라파보니(La Pavoni)에 의해 1903년 9월 19일 '아이디얼(Ideale)'이라는 제품명으로 최초의 상업용 머신이 등장하게 되었다. 이때의 추출 압력은 1.5기압 정도였다. 하지만 1.5기압이라는 압력에 의해 물의 비등점이 100℃를 넘게 되었고, 커피의 질을 손상시키는 결과를 낳았다. 이 문제를 해결하기 위해 고안된 것이 스크루 피스톤(screw piston) 식의 머신이었다.

1947년 가찌아 사의 레버 그룹(lever group) 식 머신이 등장했는데, 이 머신에 사용된 압력이 약 10기압이었다. 기술 개발을 위해 노력한 결과 가찌아 사는 신의 선물, 크레마를 발견하게 된 것이다. 지금은 에스프레소의 크레마가 당연하게 여겨지지만, 사실 크레마는 이때 우연히 발견되었다.

크레마를 생성하기 위해서는 적어도 7기압 이상이 필요하며, 9기압을 넘으면 쓴맛이 증가한다. 반세기에 걸친 많은 연구와 실험을 통해 크레마를 생성하고, 맛있는 액체를 9기압의 기준에 맞추어 안정적으로 추출해 온 것이다.

기화가 일어난다. 이 기화에 의해 생성
된 수증기가 필터를 통해 컵에 담기게
된다. 이 과정에서 원두 자체의 식물성
지방 성분과 단백질 성분이 수증기에
사로잡힌다.

크레마는 단어 그대로 지방 성분의
집합체이다. 만일 원두에 지방 성분이

추출한 에스프레소

없다면 기화에 의해 생긴 수증기는 금방 사라지고 말 것이다.

에스프리소를 추출할 때 크레마에 이상이 있는 경우도 있다. 이것에는 몇 가지 원인
이 있다. 그 중 하나가 배전도의 문제, 즉 옅은 배전이 이루어진 원두에서는 크레마의
생성이 원활하지 않다는 것이다. 배전 과정에서 발달되는 지방 성분이 그대로 원두 내
부에 갇혀 버리고 만다.

이와 반대로 크레마 층이 두껍고 추출 시간이 길어지는 경우도 있는데, 이는 배전
후에 안정기를 거치지 않은 경우에 발생한다. 일반적으로 에스프레소에 사용되는 원
두는 적어도 1주일 이상의 안정기를 필요로 한다.★ 배전
중에 생기는 다량의 가스가 원두에 그대로 있는 상태에서
추출이 이루어지면 크레마 생성에 가스가 혼입되어 부피

★ 라마르조꼬(La Marzocco) 사의
홈페이지에는 8~10일 정도의 안정
기가 필요하다고 게재되어 있다.

가 늘어나 추출의 흐름을 방해한다. 동시에 추출액의 체적도 늘어난다.

다른 추출법에서는 필터를 사용하기 때문에 커피 본래의 지방 성분이 제거된다. 그
래서 유독 에스프레소에서만 두께를 가진 크레마가 모습을 드러낸다. 크레마가 있기
때문에 에스프레소라고 할 수 있다.

식물성 쿨포화지방산인 크레마는 산소와 접촉하면 금방 산화가 일어나 맛이 변한
다. 이 사실만 보더라도 이탈리아인들이 왜 에스프레소를 빨리 마시는지 충분히 이해
가 될 것이다.

크레마의 또 다른 역할이라고 하면 우유와의 만남에서 선명성을 제공하는 것이다. 지방 성분의 크레마는 우유와 잘 섞이지 않기 때문에 라떼아트 등에서 효과를 톡톡히 발휘한다.

에스프레소가 크레마를 가지는 것이 당연한 것이라고 생각하지 말고, 왜 그렇게 되는가를 알면 에스프레소에 대한 이해가 한층 깊어지리라고 믿는다.

(5) 에스프레소 추출 시의 온도와 컵

에스프레소는 다른 추출법에 비해 높은 온도인 90℃ 전후에서 추출된다. 수온이 너무 낮으면 원두의 성분이 충분히 추출되지 않는 것은 물론 크레마 역시 탁한 흰색을 띠며 그 두께도 얇다. 반대로 수온이 너무 높으면 과추출이 이루어져 쓴맛이 증가하고 때에 따라서는 떫은맛을 내기도 한다.

커피에는 탄닌 성분이 포함되어 있지 않는 것으로 알려져 있다. 단지 그와 비슷한 크롤로게닉산(chorogenic acid)이 들어 있어 추출 조건에 따라서 신맛, 쓴맛, 잡미 형태로 그 맛을 달리한다.

배전이 깊어짐에 따라 그 성분의 함유량은 줄어들지만, 추출 조건을 가능한 한 지켜 커피의 좋은 성분만을 우려낼 수 있도록 하는 것이 중요하다. 약 90℃의 뜨거운 물에 의해 추출이 이루어지면 에스프레소의 온도는 67~69℃ 전후가 된다(사진 참조, 일부에선 64~70℃라고도 한다). 온도를 유지하기 위해 일반적으로 머신의 상부에 컵을 놓아둔다. 상부 커버를 열어 보면 열선이 깔려 있는 것을 볼 수 있는데, 이 열선이 상부에 놓인 컵을 일정 온도로 유지해 준다.

에스프레소는 데미타스(demitasse, 약 60cc)라는 작은 컵에 추출한다. 이 컵은 깊이와 두께를 가져 30cc의 액체가 최적의 온도를 유지할 수 있도록 해 준다.

도피오를 추출하는 상태에서 측정한 온도

머신의 상부 커버를 열면 열선이 깔려 있다.

데미타스

전에 일했던 체인카페에서는 추출 후 10초가 지난 에스프레소의 사용이 금지되어 있었다. 산화, 온도 저하에 따른 맛의 변질을 그 이유로 들었다. 음식은 물론 음료 역시 맛이 가장 잘 표현되는 시간과 온도가 있다. 특히 이 30cc의 액체에서는 무엇보다 추출 후의 시간과 온도가 중요한 요소가 된다. 추출된 에스프레소의 온도를 유지하기 위해 열선에 의해 데워진 머신의 상부에 컵을 올려 드는 것이 기본이다.* 또 하나의 방법은 추출 전에 머신에 딸려 있는 급수 노즐

★ 에스프레소 머신에는 보일러가 설치되어 있어 보일러 열기에 의해 상부의 온도가 자연히 상승하게 되어 있다. 열선을 작동하지 않은 상태에서 상부의 온도를 측정한 결과 60℃ 정도였다.

(nozzle)에서 뜨거운 물을 받아 컵을 데우는 것이다. 홀더를 헤드에서 빼내어 도싱(dosing), 탬핑(tamping), 세팅(setting)까지 걸리는 시간은 약 20초에서 30초 전후이다. 짧은 시간이지만 컵은 충분히 데워진다. 이렇게 데워진 컵을 사용하면 훨씬 오랫동안 온도를 유지할 수 있다. 조금 과장하자면 이 작업으로 맛의 가치를 더하고 보장한다고도 할 수 있다.

우리들이 맛을 느끼는 것은 단지 혀에서만이 아니다. 맛이라고 하는 것은 오감을

화상의 우려가 있으므로 직접 뜨거운 물을 컵에 받지 말고 별도의 안전한 용기에 담은 후 옮겨 붓는다.

통해서 느끼는 것으로 만드는 사람의 동작, 사용하는 도구, 만드는 환경을 보면 충분히 그 맛을 예상할 수 있다. 뜨거운 물로 컵을 데우는 동작 하나만 보더라도 그 사람의 지식, 숙련도, 마음 자세를 알 수 있다.

아래 표는 머신의 상부에 놓아둔 컵과 뜨거운 물로 약 30초간 데운 컵에 추출한 에스프레소의 온도 변화를 측정한 것이다.

	추출 직후	30초	60초	90초	120초	150초	180초
머신 (℃)	63.3	62.7	61.7	60.2	59.7	58.9	58.1
뜨거운 물 (℃)	68.7	68.0	67.2	66.1	65.2	64.2	63.2

표를 살펴보면 뜨거운 물에 의해 데워진 데미타스 컵의 에스프레소가 추출 상태의 온도를 그대로 유지하여 본래의 맛을 낼 수 있음을 알 수 있다. 시간이 지나더라도 맛의 변화가 어느 정도 지켜지는 것이다.

에스프레소의 세 층은 약 7초에서 15초 사이에 섞여 버린다. 다시 말하면 에스프레소의 진짜 맛을 즐기기 위해서는 적어도 추출 후 15초 이내에 마셔야 한다는 것이다.

크레마에서 느껴지는 부드러움과 달콤함, 보디에서 맛볼 수 있는 깊이, 하트에서 남겨지는 긴 여운을 만나는 것, 이것이 바로 에스프레소를 즐기는 법이다.

정말 맛있는 에스프레소를 즐길 수 있는 사람은 에스프레소를 추출하는 사람, 즉 바리스타밖에는 없을 것이다. 그것이 바리스타만의 특권이며 동시에 에스프레소의 진미를 내는 것이 바리스타의 의무라고 할 수 있다.

4　에스프레소의 추출

(1) 추출 순서

에스프레소의 추출 순서는 다음과 같다.

01 머신어 전원을 넣는다. 보통 보일러가 가열될 때까지 20분 정도가 걸린다.

02 보일러가 가열이 되었으면 필터홀더를 머신에 장착시킨 채 2초에서 3초간 공추출을 하여 헤드와 필터홀더를 데운다. 차가운 상태에서 추출된 에스프레소의 온도는 물론 크레마의 생성도 정상적이지 않다.

03 필터홀더를 빼내어 전용타월로 수분을 깨끗이 제거한다.

04 원두를 분쇄하여 필터에 채우고 탬퍼를 사용하여 탬핑한다. 그리고 다시 헤드에 장착하여 추출 버튼을 눌러 컵에 추출한다.*

★ 일반적으로 머신의 추출 버튼을 눌러서 추출이 이루어지기까지 1초에서 2초 정도의 시간이 걸린다. 제조사에 따라 차이는 있다.

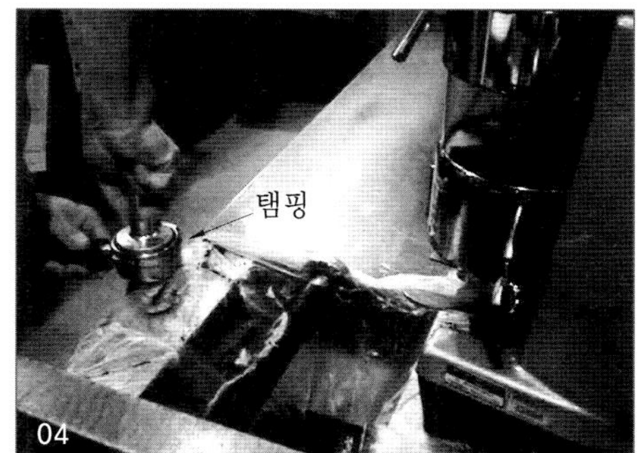

위의 03, 04 작업을 2~3회(필터홀더와 헤드가 데워져 정상적인 추출이 이루어지기까지) 반복한다.

머신의 상태는 매일 바뀐다는 것을 기억해 두자. 언제는 빠르고 언제는 느리며, 언제는 맛이 진하고 연하다. 머신의 상태에 따라 에스프레소의 맛이 달라지므로 언제나 신중을 기해야 한다.

(2) 도싱(Dosing)

원두를 분쇄하여 필터에 적절량을 떨어뜨리는 작업을 도싱(dosing)이라고 하는데, 이 장에서는 두 가지에 대해 설명하려고 한다. 우선은 도싱 그 자체에 관한 것이다. 그리고 두 번째는 맛있는 에스프레소를 추출하기 위해서는 원두를 분쇄해 두지 않는다고 알려져 있는데, 그것이 정말로 에스프레소의 맛을 그대로 표현하는 데 좋은지에 관한 것이다.

도싱은 크게 두 가지로 구별한다. 추출 직전에 분쇄하여 도싱하는 방식과 디스펜서에 항상 일정량을 분쇄하여 도싱하는 방식이다.

우선 추출 직전에 분쇄하여 도싱하는 방식(대회용 방식)의 순서를 살펴보면 다음과 같다.

01 필터를 전용의 솔, 타월로 깨끗히 한다.

02 필터홀더의 방향을 바꿔가며, 필터 전체에 분쇄된 가루가 떨어지도록 한다.*

03 떨어진 가루가 산 형상으로 봉긋이 쌓이면 분쇄를 멈추고 엄지, 검지를 벌려 사진처럼 필터에 올린다. 그리고 가운데를 중심으로 시계, 반시계 방향으로 돌려 편평히 한다.

04 한가운데 여분의 가루는 엄지를 일자로 펴서 노크박스(knock box)에 떨어뜨린다.

★ 사실은 이렇게 하지 않아도 필터의 중앙에 가루가 떨어지도록 되어 있다. 그저 이렇게 하는 것이 바리스타로서의 숙련도를 말해 주는 것처럼 보인다. 한마디로 형식적인 작업일 뿐이라고 할 수 있다. 하지만 모두가 이렇게 하는 것이 당연한 것으로 받아들여지고 있는 만큼 알아둘 필요는 있다.

찌꺼기를 제거한다.

수분을 제거한다.

홀더의 방향을 바꾸며 도싱한다. 1

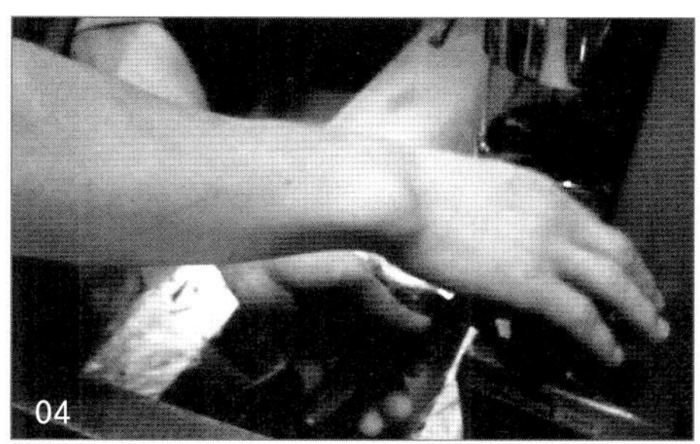

홀더의 방향을 바꾸며 도싱한다. 2

필터의 가루를 편평히 한다. 1

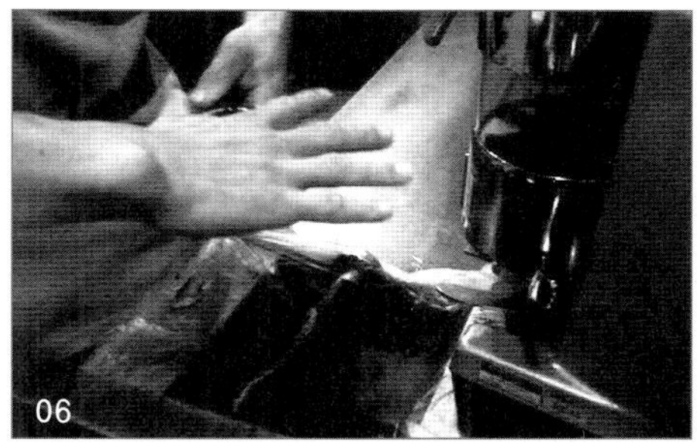

필터의 가루를 편평히 한다. 2

여분의 가루를 제거한다.

다음은 오른쪽 사진처럼 디스펜서에 항상 일정량을 분쇄하여 도싱하는 방식이다. 이 방식은 특별히 설명할 필요도 없다. 필터홀더를 밀에 올린 채(정식 명칭 서포트 크러치, support crutch) 두 번의 도싱을 하면 된다. 그리고 편평히 하기 위해 탬퍼(tamper)로 홀더의 측면을 가볍게 두 번 정도 두드린다.

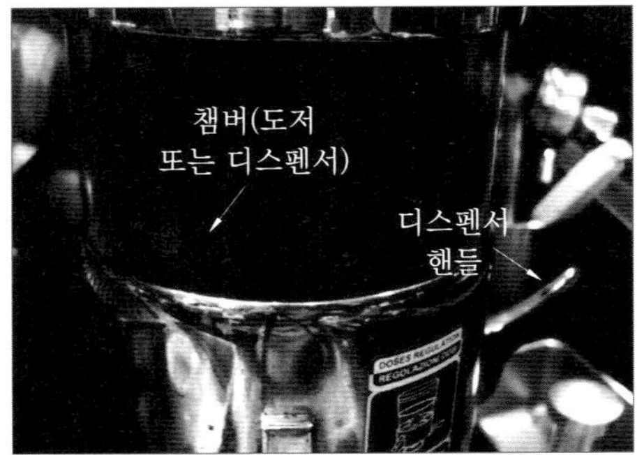

원두를 분쇄하여 일정량을 유지한다.

밀에서 원두를 분쇄하여 받아두는 부분을 챔버(chamber), 도저(doser) 또는 디스펜서(dispenser)라고 한다. 챔버의 밑부분을 보면 볼트 타입으로 양을 조절할 수 있도록 되어 있다. 한 번의 도싱 작업에 보통 7~9g으로 설정하는 것이 일반적이다.

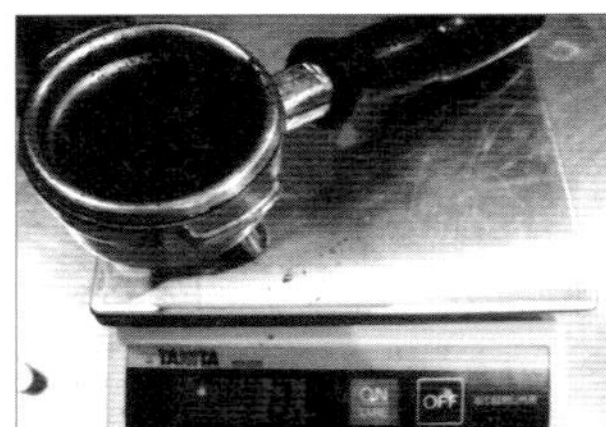
첫 번째 도싱

두 번째 도싱

바리스타, 에스프레소에 관한 서적 그리고 많은 이들이 맛과 질을 확보하기 위하여 추출 직전에 원두를 분쇄해야 한다고 말한다. 과연 그럴까? 오히려 다음과 같은 이유로 항상 일정량을 유지하는 편이 바람직하다고 사료된다(단, 추출 직전에 분쇄하여 사용하는 것이 최고의 맛을 내며, 또 고객에 대한 최선의 예우임을 부정하지는 않는다).

첫 번째는 밀이나 사람에게 큰 부담으로 작용할 수 있기 때문이다. 이미 말한 대로 챔버에 분쇄하여 두면 두 번의 도싱으로 해결될 것을 주문 때마다 분쇄를 한다면, 평균 5~7번의 도싱 작업을 하게 된다.*(언젠가 1샷

★ 분쇄된 가루를 떨어뜨리는 데 사용되는 부분을 디스펜서 핸들(dispenser handle) 또는 도싱 암(dosing arm)이라고 하는데, 챔버의 밑부분으로 연결되어 있다. 챔버의 내부 구조는 복잡하다.

의 도싱에 20회 정도를 하는 곳도 보았다). 결국 이는 밀의 수명을 떨어뜨린다.

단지 밀의 수명 단축뿐 아니라 작업자의 손목, 필터에 어느 정도의 가루가 채워져 있는지 일일이 신경을 써야 하는 부분으로 상당한 스트레스가 된다. 하루에 한두 번의 작업이라면 별문제 없겠지만 수십 번 수백 번의 작업이 이런 식으로 이루어진다면 생각만 해도 끔찍한 일이다.

두 번째는 에스프레소 맛의 안정을 위해서이다. 개인 점포라서 한두 사람에 의해 에스프레소를 추출하는 것이라면 문제 없지만, 대부분의 카페는 여러 명의 바리스타 혹은 아르바이트하는 사람에 의해 운영되고 있다. 이것은 에스프레소의 맛이 사람에 따라 달라진다는 것을 의미한다. 그렇다면 맛의 안정을 꾀하려면 어떻게 하면 될까? 그것은 바로 입도, 가루 양을 일정하게 하는 것뿐이다.

추출에 걸리는 시간 조절에는 세 가지 방법이 있다. 입도 조절, 양의 조절, 탬핑 시의 압력 조절이다. 일정량을 항상 분쇄 유지함으로써 에스프레소의 맛에 큰 영향을 주는 입도와 양의 변화에 따른 문제점은 해소된다. 이 세 가지 중 두 가지가 해결되면 세 번째의 압력 조절에 따른 문제는 점포의 대화 능력, 운영, 교육으로 충분히 해결할 수 있다.

세 번째 이유는 시간이다. 추출분의 원두를 분쇄하는 데 걸리는 시간은 약 10초에서 15초 정도이다. 15초라는 시간은 결코 짧은 시간이 아니다. 이 시간때문에 고객이 몇 명이나 더 기다릴 수 있다.★

물론 원두를 분쇄하여 바로 사용하는 것이 최상이라는 것을 부인하는 것은 아니다. 분쇄 시부터 질이 떨어진다고 하더라도 어느 정도는 유지가 가능하고(41페이지 실험에서 자세히 설명하겠다), 또 분쇄된 원두가 변질되기 전에 사용이 가능하리라고 판단된다. 따라서 대부분 체인 형태의 카페 그리고 전문적인 지식, 교육, 경험을 갖지 못한 다수에 의해 추출 작업이 이루어지는 곳에서는 원두를 분쇄하여 일정량을 유지하는 것이 바람직하다.

(3) 탬핑(Tamping)

밀을 사용하여 분쇄하고, 필터에 가루를 담고, 탬퍼(tamper)라는 전용 도구를 이용하여 일정한 압력을 가하는 것을 탬핑(tamping)이라고 한다.

탬핑의 순서를 살펴보면 다음과 같다.

첫 번째 탬핑

탬퍼의 뒷부분으로 가볍게 1~3회 두드린다.

두 번째 탬핑(팔은 필터에 수직으로 하며, 가압 상태로 비틀어 준다.)

여분의 가루 제거

01 가루를 편평히 했으면 필터홀더를 테이블에 지지하여 가볍게 누른다. 두 번째 탬핑을 위해 기초를 닦는 작업이다.*

02 첫 번째 탬핑이 끝났으면 탬퍼 뒷부분으로 홀더의 측면을 가볍게 두드린다. 이렇게 함으로써 필터의 테두리에 놓여 있는 가루를 안쪽으로 떨어뜨리고, 채워진 가루의 밸런스를 잡을 수 있다.*

탬더는 측면을 사용하지 않는다.

상처가 난 탬퍼

03 두 번째 탬핑을 한다. 이번에는 팔목의 자세와 각도가 중요하다.*

첫 번째 탬핑 시 가볍게 누른 것에 비해, 두 번째 탬핑 시에는 9기압, 약 7.3kg의 힘을 가한다. 그리고 가압 상태에서 시계, 반시계 방향으로 탬퍼를 회전시켜 전체적인 평면도와 균형을 잡는다.

가끔씩 책이나 바리스타 대회에서 가압을 하지 않고 그대로 탬퍼를 회전시키는 것을 보는데, 이는 단지 주위 사람에게 보이기 위한 동작일 뿐 전혀 의미가 없는 것으로 판단된다. 가압하지 않은 상태에서 탬퍼를 회전시킨다 하여 전체적인 평면을 잡을 수 있는 것도 아니고 고정되지 않은 가루를 제대로 잡아둘 수 있는 것도 아니다.

홀더는 테이블에 올린 채 작업하도록 설계되어 있다(수평).

홀더는 균형을 잡을 수 있도록 가공되어 있다.

염려의 마음으로 또 하나 이야기하자면, 필터홀더의 추출구가 테이블이나 딱딱한 곳에 의해 상처를 받지 않게 전용 고무판이나 홀더 자체로 지지하도록 한다. 위의 사진처럼 라마르조꼬의 홀더는 추출구를 테이블에 올려 둔 상태로 작업하도록 설계되어 있다. 홀더의 뒷부분을 보면 알 수 있듯이 기계 가공이 이루어져 있는데, 이는 효율적이고 정확한 작업을 위한 것이다. 하지만 중요한 추출구가 손상이 가지 않도록 언제나 주의해야 한다.

(4) 입도(Mash)

에스프레소의 추출 시간은 입도, 가루 양, 탬핑 시의 압력에 의해 달라진다. 시간의 변화는 맛의 변화를 의미하므로 에스프레소에 있어서 이 세 가지 추출 조건은 중요하다.

에스프레소 추출 경험이 풍부한 바리스타나 기계에 해박한 지식이 있는 사람이라면 충분히 알고 있을 것이다. 머신의 상태는 계절에 따라 그리고 여러 가지 환경에 따라 달라진다는 사실을 말이다. 머신은 온도, 습도 등과 밀접한 관계를 가지고 있고 상태가 거의 매일 바뀐다고 해도 틀린 말이 아니다.

이렇게 매일 변하는 머신의 상태를 점검하고 상태를 맞추는 것은 대부분 아침 개점 작업을 하면서 이루어진다. 전원을 넣고 머신이 따뜻하게 데워지면 몇 번이고 추출하여 시간을 재고 시음한다. 이때 기준이 되는 것이 전날 사용한 가루이다.

　그 요령을 살펴보면 이렇다.

　전날 사용 후 챔버에 남은 가루를 버리지 않고 비닐봉지에 담아 보관한다. 그리고 그 가루를 사용하여 추출한다. 머신 전체가 일정 온도로 데워져 정상 가동이 될 때까지 간격을 두고 3~4회 정도 추출을 한다. 이때의 추출이 정상적이라면 입자의 크기와 분량을 바꾸지 않아도 된다. 만약 전날의 추출과 다르다면, 우선은 탬핑의 가압으로 조정이 가능한가를 판단한다.* 조정이 되지 않는 정도라면 분량을 바꾸고 마지막에 입도를 바꾼다.

★ 가감 5초 정도 조정이 가능하다.

　왜 입도를 마지막으로 하는가 하면 입도의 변화에 따른 추출의 변화가 가장 크기 때문이다. 원두의 종류를 바꾸거나 배전도를 바꾸는 경우가 아니라면 탬핑이나 분량의 조절로 어느 정도는 조정이 가능하다.

　그리고 정말 입도를 바꾸지 않으면 안 되는 경우라면 다음과 같이 행한다. 현재의 눈금을 확실히 기억하고 조절은 항상 가늘게 하는 방향으로 한다. 오른쪽 사진은 현재 사용하고 있는 밀의 눈금인데 시계 방향으로 돌리면 입도가 작아지고 반시계 방향으로 돌리면 입도가 커진다.

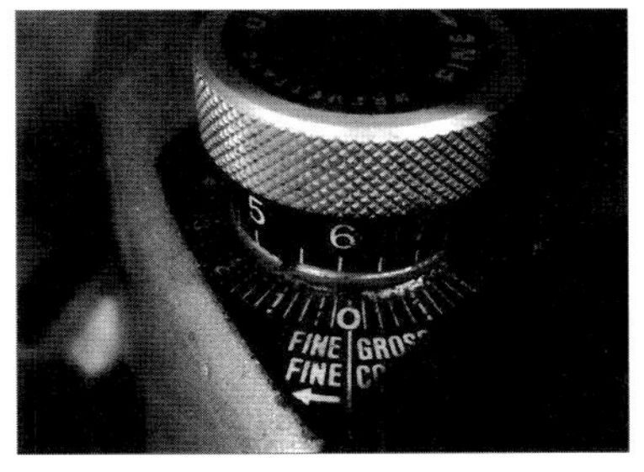

라마르조꼬 MDMCA

　추출 시간이 긴 경우 입자를 크게 할 때에는 반시계 방향으로 크게 돌린 후 시계 방향으로 조절하려는 눈금에 맞춘다. 이는 볼트(bolt)나 스크류(screw) 타입의 장치에 기계 용어로 백래시(back lash)라는 유격 현상에 따른 것이다.* 쉽게 말해 볼트와 너트를 결합했을 때 간극이 있어 헐거

★ 사용기기에 따라서 차이가 있으며, 사용 빈도가 높아질수록 아주 조금씩 크기가 증가한다.

운 것과 같다. 이 간극에 의해 원활한 운동이 가능하고 마모를 방지할 수 있다. 백래시 때문에 시계, 반시계 그 방향을 정하지 않고 아무리 눈금을 맞춰가며 조정한다고 하더라도 원하는 조정이 이루어지지 않는 것이다. 따라서 항상 한 방향으로 눈금을 맞추는 것을 기본으로, 가늘게 조정하는 방향으로 하는 것이 필요하다. 보통 영업용으로 사용되는 원두는 각 점포마다 정해져 있어서 원두의 종류, 배전도가 바뀌는 경우가 거의 없다. 하지만 개인 점포 혹은 연습 시에 원두의 종류, 배전도, 배전 후의 안정기가 달라진다면 그때마다 입도를 바꾸어야 한다.

원두가 신선하고 배전이 깊을수록 가스와 오일 성분을 많이 함유하고 있기 때문에 입도를 조금 크게 할 필요가 있다. 같은 눈금이라고 하더라도 배전도에 따라 분쇄된 가루의 크기는 차이가 난다. 이는 배전이 깊을수록 경도가 작아져 분쇄 시 저항이 적기 때문에 배전이 옅은 경우보다 입자가 가늘게 된다. 가능하다면 가끔씩 자신의 손으로 입자를 확인해 보기를 권한다.

 **에스프레소는 3으로 표현된다**

에스프레소, 단지 30cc의 액체를 정확히 파악하고 이미지를 구체화하는 것이 생각만큼 쉽지 않다. 그래서 조금 더 친숙하게 느껴지도록 3이라는 숫자와 연결해 보았다.

• 추출량	30cc (20 ~ 30cc)
• 추출 시간	30초 (20 ~ 30초)
• 추출 압력	3 × 3 (9기압)
• 추출 온도	3 × 30 (90℃)
• 원두의 양(필터의 체적)	30cc
• 크레마의 두께	3mm
• 추출된 에스프레소의 구성	3층 (크레마, 보디, 하트)
• 컵의 용량	3 × 20 (데미타스 약 60cc)

(5) 추출 실패의 원인과 수정법

에스프레소는 경우에 따라서 추출 시간이 너무 길거나 짧을 수도 있고, 크레마의 상태에 이상이 생길 수도 있다.

다음 표와 같은 추출 실패는 왜 일어나며 그 해결책은 무엇인지 생각해 보자.

현 상	원 인	해 결 책
추출 시간 오버	1. 입도 부적절(너무 가는 경우) 2. 분량 과다 3. 탬핑의 과압 4. 머신의 파워 부족	1. 입도 조절(굵게) 2. 분량 조절(적게) 3. 탬핑 시의 압력 조절(약하게) 4. 추출 압력 확인, 정기 점검 및 관리
단시간 추출	1. 입도 부적절(너무 굵은 경우) 2. 분량 부족 3. 탬핑 시의 압력 부족 4. 머신의 추출압 과다	1. 입도 조절(가늘게) 2. 분량 조절(많게) 3. 탬핑 시의 압력 조절(강하게) 4. 추출 압력 확인
좌우 추출의 불균일	1. 머신의 언밸런스 2. 탬핑 시의 문제 3. 홀더 자체의 문제 4. 입도의 극단적 불균일 　(이런 경우는 거의 없음)	1. 머신의 밸런스 확인 2. 탬핑 시의 자세 교정 3. 홀더 체크(찌꺼기 등이 구멍에 　쌓여 있는 경우가 있음) 4. 입도 확인
크레마의 이상	1. 배전 후의 안정 시간 부족 2. 배전도 문제 3. 분쇄 후의 시간 경과 4. 입도 부적절 5. 온도 저하	1. 배전 후 일주일 이상의 안정기 2. 풀시티 이상의 배전 3. 분쇄 후 가능한 한 빨리 사용 　(일주일 지난 가루를 사용해도 　크레마의 이상은 없음. 단, 향이나 　맛에는 큰 차이가 있음) 4. 입도를 너무 굵게 하지 않을 것 5. 공추출로 헤드와 필터홀더를 따뜻하 　게 하여 추출

홀더에는 추출구가 하나인 싱글용과 두 개인 더블용이 있다. 가능하다면 추출구가 두 개인 것을 사용할 것을 권한다. 두 가지 모두 사용하면 일정한 추출을 얻기가 힘들다. 추출구가 두 개인 경우가 많은 양의 가루가 채워지고 양의 차이에 따른 맛의 차이가 비교적 적기 때문이다. 물론 이렇게 되면 1샷이 남는 경우가 생길 수도 있지만 이것은 시음용으로 사용할 수도 있다. 무엇보다 안정된 맛의 재현이 중요하다는 사실을 잊지 않기를 바란다.

(6) 에스프레소의 추출량에 따른 구분

일반적으로 같은 양의 가루를 사용하여 같은 시간에 추출하지만 양의 차이에 따라 몇 가지로 나눈다.

구 분	분 량	추출 시간	추 출 량	추출 방법
솔로(solo)	7~9g	20~30초	20~30cc	기본 추출
리스트레토(ristreto)	7~9g	20~30초	15~20cc	입도를 가늘게
룽고(lungo)	7~9g	20~30초	35~50cc	입도를 굵게
도피오(doppio)	14~18g	20~30초	40~60cc	기본 추출

위의 표를 보면 알겠지만 입자의 크기를 조절하여 소정의 추출량을 얻어 맛과 농도의 깊이를 추구한다. 리스트레토는 겨우 15~20cc밖에 안 되는 진한 액체이다. 입에 머금으면 눈이 번쩍 뜨일 정도의 펀치력을 가졌다. 이에 비해 룽고는 입도를 조금 더 굵게 하여 추출한다. 에스프레소와 리스트레토에 비하면 깊이와 농도가 부드럽다.

리스트레토든 룽고든 두 가지 다 입자의 크기를 조절하여 양을 조절하는 것이 원칙이다. 하지만 입도를 바꾼다는 것은 그 자체만으로도 귀찮은 일이다. 또 가능하다면 설정한 입도를 자주 바꾸지 않는 것이 바람직하다. 입도의 변화는 맛의 변화는 물론

| 리스트레토(ristreto) | 솔로(solo) | 룽고(lungo) | 도피오(doppio) |

추출 조건의 변화를 의미하는 것이다. 아무리 고성능의 밀이라도 조정한 입도에 즉각적으로 대응하는 것이 어렵고, 그 입도를 찾는 것도 생각만큼 쉽지 않다. 또 바꾼 입도를 원상태로 되돌리는 데는 몇 번의 시행착오가 필요하다.

일반적으로 리스트레토나 룽고를 추출할 때에는 시간을 길게 혹은 짧게 하여 조절한다. 또 한 가지 방법이라면 분량과 탬핑의 압력을 조절하는 경우이다. 사실 어느 것이 맞다고 단언하기엔 어려움이 있으며 이는 각 점포, 추출하는 이의 에스프레소에 대한 자신만의 확고한 이미지에 달려 있다.

5 원 두

에스프레소에 사용되는 원두에는 비교적 깊은 배전이 이루어진다. 단시간에 엑기스만을 추출하기 위한 방법이다.

또 페이퍼드립, 융드립(Flannel drip, 일본식 표기로 '넬드립'이라고도 한다)에서는 스트러이트, 즉 한 종류의 원두를 사용하여 추출이 이루어지는 경우도 많다. 하지

에스프레소용 원두에 많이 사용되는 배전도(풀시티)

만 에스프레소에서는 블렌드가 사용된다. 추출의 특성상 한 종류의 원두만으로는 개성이 너무 강해서 마시기 부담스럽기 때문이다.

에스프레소의 맛을 얘기할 때 다양성, 균형성이 자주 거론되는데, 이는 블렌딩으로 해결할 수 있다.

일반적으로 아라비카(전 세계 유통의 65~70%) 종이 양질의 커피로 알려져 있다. 그 외에 로부스타, 리베리카 종이 있기는 하지만 그다지 사용되지 않는 실정이며 이탈리아에서는 특성을 주기 위해 로부스타를 소량 사용한다.★ 기본적으로 5종 이상의 원두를 사용하여 맛, 개성, 깊이, 다양성 등의 밸런스를 맞추는 것이 일반적이다. 세계적인 이리(illy) 사의 경우는 항상 일정한 맛의 재현을 위해 9종의 원두를 사용한다고 한다. 해마다 기후 변화에 따라 질이 달라지기 때문에 한두 종류의 원두만으로는 추구하는 맛의 재현이 불가능하기 때문이다.

★ 로부스타 종은 전체 비중에서 25~30% 내외를 차지하며 카페인 성분이 아라비카 종보다 2배 가까이 많다.

나는 바리스타들에게 '원두는 추출 직전에 분쇄하는 것이 필요하다.' 라는 말을 가끔씩 듣곤 한다. 산화에 따른 질의 저하를 이유로 들고 있는 것이다. 그렇다면 정말 추출 직전에 분쇄하지 않으면 맛있는 에스프레소가 되지 않는 것인지 한번 생각해 보자. 분명히 분쇄가 이루어지면서 질이 떨어지기 시작한다. 하지만 보다 안정되고, 재현 가능한 추출을 위해 디스펜서에 일정량을 분쇄해 두는 것이 필요하다. 또 반드시 추출 직전에 분쇄하지 않으면 안 될 정도로 질이 나빠지는 것은 아니라고 판단된다(신선한 원두에 한해서).

　나는 이런 내 생각을 뒷받침하기 위해 다음과 같이 가정하고 계산, 실험을 해 보았다. 우선 직경 7mm의 구로 분쇄된 원두 가루를 0.3mm의 정육면체(산화에 따른 질 저하는 공기와의 접촉 면적에 비례)로 가정하여 그 체적을 구했다.

- 원두의 체적　　　　　$4/3 \times 3.5 \times 3.5 \times 3.5 \times 3.14 = 179.5mm^3$
- 가루의 체적　　　　　$0.3 \times 0.3 \times 0.3 = 0.027mm^3$이 된다. 이것은
- 원두 / 가루 =　　　　6648

　　　　　　　　　　원두를 분쇄하면 약 6650개의 가루로 나누어진다.

이것을 이용하여 다시 표면적을 계산하면,
- 원두의 표면적　　　　$4 \times 3.5 \times 3.5 \times 3.14 = 153.86mm^2$
- 가루의 표면적　　　　$0.3 \times 0.3 \times 6 = 0.54$

　　　　　　　　　　여기에 6650을 곱하면 $3591mm^2$가 된다.
- $3591 / 153.86 = 23.3$

　결국 분쇄된 가루는 원두 상태로 존재하는 경우보다 23.3배 빠른 속도로 질이 떨어진다는 것이다. 일반적으로 배전 후 약 2주일간은 그 질이 유지된다고 말한다. 그렇다면 14일×60분×24시간/23.3=865분, 다시 말하면 원두에서 가루로 되면 약 865분, 14시간 동안은 그 질이 보존된다는 것이다.

　이미 말했듯이 에스프레소에 사용되는 원두는 적어도 일주일 정도의 안정기가 필요하다. 그렇다면 에스프레소의 허용 시간은 7일이 된다. 이는 신선한 상태의 원두는 분쇄되어 7시간 동안 에스프레소의 맛이 유지 가능한 허용 시간이라고 할 수 있다. 실제

분쇄 시에 발생하는 열, 미분 등 예측 불가능한 모든 사항들을 고려해 2배, 3배, 4배 이상의 빠른 질 저하를 보인다 하더라도 90분 이상은 그 질을 유지 가능하다는 결론이 나온다(신선한 원두에 한해서).

여기서 나는 다시 실험을 해 보았다. 실제로 가루로 분쇄된 원두가 어느 정도의 속도로 질 저하를 나타내는지를 알아보기 위해서이다.

우선 내가 직접 배전한 원두를 사용하여 추출해 보았다. 그 결과 오른쪽 사진처럼 기포가 많이 발생했고 이 기포가 추출에 장해가 되어 시간이 약 20초 이상 늘어났다. 그리고 크레마 역시 1.5배 정도 많이 생성되었다. 이 현상은 정도는 다르지만 배전 후 8일째의 원두에서도 나타났다.

정상의 에스프레소 추출

그래서 에스프레소에 사용되는 원두는 배전 후 어느 정도의 안정기가 필요한가를 실험했다. 풀시티 배전도로 직접 배전한 원두를 매일 추출하여 정상적인 추출이 이루어지기까지 그 기간을 쟀다. 만약 이 기간이 2주일 이상 걸린다면 에스프레소에 사용되는 원두의 신선도가 떨어진 것이다.

배전 후 이틀째의 원두 추출

동시에 배전 후에 하루의 안정기를 두고 분쇄하여 30분 간격으로 추출했다. 정상 추출이 이루어지는 데 걸리는 시간을, 위에서 실시한 실험과 연계하여 질의 저하 속도를 도출하기 위해서이다.

실험 결과 정상적으로 추출이 이루어지기
까지 약 9일이 걸렸다. 그리고 배전 후 이틀째
원두 300g을 분쇄하여 사진처럼 철판에 담고
랩핑하여 추출 시간을 측정했다.

배전 후 이틀째. 분쇄하여 랩핑

분쇄 후 (분)	0	30	60	90	120	150	180	210	240	270
추출 시간 (초)	42	44	37	43	40	미추출	38	31	30	29

표를 보면 알 수 있듯이 약 210분이 지나면서부터 안정적인 추출이 이루어졌다. 이
사실로 다음과 같은 결과를 도출했다.

- 배전 후 안정되기까지 걸린 시간(분)　　　　　60×24시간 $\times 9$일 $= 12960$
- 분쇄 후 안정된 추출이 되기까지 걸린 시간(분)　210
- 원두에 비해 가루가 되면서부터의 질 저하비　　$12960 / 210 = 61.71$

이 실험으로 분쇄되면서부터 60배 이상의 속도로 질의 저하가 나타난다는 것을 알
았다. 그리고 정말 신선한 원두라면 분쇄하여 어느 정도 그 질을 유지할 수 있는지 살
펴보았다.

에스프레소 추출이 가능하고 신선한 상태의 기간을 배전 후 9~14일로 가정하면,

- 60분 $\times 24$시간 $\times 6$일 $= 8640$분
- 이 시간을 위의 비율로 나누면 $8640 / 61.71 = 140$분이 된다.

신선한 원두라면 분쇄한 후 약 2시간은 그 질을 유지할 수 있다는 결과가 나온다.
그럼에도 불구하고 많은 이들은 왜 추출 직전에 분쇄해야 한다고 하는 것일까? 개인

적으로 다음처럼 네 가지의 가능성을 생각해 보았다.

첫 번째는 그것이 단지 대회용 대사에 지나지 않는 것은 아닐까 하는 것이다. "나는 정말 맛있는 에스프레소를 만들기 위해서 이렇게 하고 있습니다." 라고 어필하기 위해서가 아닐까 하는 것이다.

두 번째는 정보, 지식, 열정, 관심의 부족에서 온 것은 아닐까 하는 것이다. 자신들의 선배들이나 책 혹은 세간에서 모두 그렇게 말하고 있으니까 그러려니 하고 믿어 버린 것은 아닌가 하는 생각이다.

세 번째는 이상적인 가정을 말한 것으로 생각된다. 사실 원두를 분쇄함과 동시에 빠른 속도로 그 질은 저하된다. 대부분의 체인점이나 여러 명의 바리스타가 아닌 정식으로 훈련된 바리스타에 의해 추출함을 가정한 것은 아닐까 한다.

마지막 네 번째는 사용하고 있는 원두의 신선도에 문제가 있기 때문이 아닐까 하는 것이다. 보통 카페에서는 전문 배전업체에서 원두를 구입하는 경우가 대부분이고 대형 체인점에서는 본사의 공장에서 배전된 원두가 공급된다. 배전에서 2주일 이내의 신선한 원두가 사용되는 것이 실제로는 힘든 것이 아닐까?

요즘은 원두의 질을 유지하기 위해 봉지에 에어록(air rock)이라고 불리는 밸브가 달려 있다. 이 밸브는 원두에서 발생하는 가스는 밖으로 내보내고 외부의 공기는 차단하는 기능을 한다. 이것으로 장시간 원두의 질을 보존 가능하다고 하지만 실제로 그럴까?

공기 유입으로 산화는 일어나지 않을지 모르겠지만 커피에 있어서 중요한 향과 고유의 특성들이 가스의 배출과 함께 빠져나가는 것을 충분히 예상할 수 있다. 그래서 추출 직전에 분쇄를 해야 맛있는 에스프레소의 추출이 가능하다고 하는 것이 아닐까 한다.

밸브(에어록)

그래서 다시 다음과 같이 실험을 해 보았다. 현재 일본의 유명한 체인카페에서 구입한 100g의 원두와 내가 직접 배전한 이틀째, 팔 일째의 원두를 페이퍼드립으로 추출해 보았다. 잘 알려진 대로 신선한 원두라면 가는 거품이 올라와 돔 형상을 띠게 된다. 만약 구입한 체인점의 원두가 신선하다면 돔 형상의 거품이 올라올 것이다.

◆ 실험 조건

- 추출법 : 페이퍼드립
- 물 온도 : 85℃
- 배전도 : 풀시티
- 입도 전동 : 밀 6초
- 사용량 : 22g

| 배전 후 이틀째 | 배전 후 팔 일째 | 체인점에서 구입 |

※ 이 실험 결과는 객관적인 근거를 가진 정보나 사실로 판단하기에는 신뢰도가 낮다. 실험 결과를 있는 그대로 적었지만 위 실험은 개인적인 생각을 뒷받침하기 위해 실시한 것에 지나지 않고 실험은 단 1회에 그쳤기 때문에, 하나의 객관적 사실로 받아들여지기 위해서는 실험 횟수를 늘리고 변수를 다양화할 필요성이 있다.

위의 실험 조건으로 세 가지 원두에 30초 뜸들임을 실시하고 두 번째 주유 시 사진을 찍었다. 사진에서 알 수 있는 것처럼 직접 배전한 원두는 모두 돔 형상의 거품이 올라왔다. 이에 반해 체인점에서 구입한 원두는 충분히 부풀어 오르지 않았다. 이는 결국 원두의 가스가 배출되어 있는 상태, 즉 신선한 상태가 아니라고 말할 수 있다.

6 　잘못 알고 있는 에스프레소

보통 에스프레소하면 사람들은 '쓰다. 양은 적은데 비싸다. 카페인*의 함유량이 많다.' 라는 선입견을 가지고 있다. 사람에 따라서 에스프레소를 쓰게만 느낄 수도 있다. 하지만 '2장 에스프레소의 조건과 특성'에서 말한 대로 에스프레소의 특성을 알고 이탈리아 본고장에서의 음용법대로 설탕을 넣어 빨리 마시고 뒤에 남는 여운을 느껴 보면 어떨까? 단지 쓰기만 했던 에스프레소의 새로운 맛과 멋이 몸 전체로 전해오는 것을 느낄 수 있을 것이다.

> ★ 카페인은 커피에 그 어원을 두고 있다. 콜라, 녹차, 홍차, 코코아, 초콜릿, 일반 의약품 등에 함유되어 있으며, 각성 작용, 이뇨 작용, 권태감 및 피로감 경감, 흥분 작용, 소화 촉진 등의 효과가 있다. 하루 한두 잔의 적정량(개인차는 있음)이라면 건강에 전혀 문제가 없지만 과다 섭취는 여러 가지 부작용의 우려가 있다.

단지 30cc의 액체, 양을 따져 계산한다면 비싸게 느껴지는 것이 당연한 것인지도 모른다. 일반적으로 다른 커피에 사용되는 원두의 양은 10g 내외, 에스프레소의 경우는 16g 내외이다.* 사용되는 원두의 양을 비교하면 결코 원가가 높지는 않다.

> ★ 추출의 안정을 위해서 두 잔 분을 추출하는 것이 일반적이다.

그리고 추출에 사용되는 고가의 에스프레소 머신(영업용의 경우 약 2000만원 선)과 전문 지식을 가진 바리스타의 육성에 따른 시간과 비용을 계산하면 결코 다른 커피에 비해 비싼 것이 아니라는 것을 알게 될 것이다.

에스프레소는 농도와 풍미가 짙어 카페인의 양이 많이 함유되어 있다고 믿는 이들이 많이 있다. 하지만 카페인은 생두에서 원두로 되는 과정, 즉 배전에 의해 그 함유량이 상당히 줄어든다. 또 짧은 시간에 추출되는 특성상 일반 드립식의 커피에 비해 카페인의 함유량이 약 절반 정도밖에 되지 않는다.

에스프레소에 대해 잘못 알고 있는 사실들을 다시 알게 된다면 에스프레소의 새로운 매력에 빠지게 될 것이다.

에스프레소 추출은 일반 추출법에 비해 14배의 주의가 필요하다?

누군가는 '에스프레소를 추출하는 데 에스프레소에 대해 알아두어야 하는가? 버튼을 누르면 머신이 알아서 추출해 주는데 골치 아프게…'라고 생각할 수도 있다. 하지만 앞에서 말한 대로 에스프레소에는 '당신을 위해 특별히 추출하다.'라는 함축적인 의미가 있다. '당신을 위해'라는 마음을 담기 위해 많은 지식과 경험, 노력이 필요한 것이다.

에스프레소는 다른 추출법에 비해 맛의 변화 가능성이 상당히 높다. 일반적으로 알려진 드립식 커피의 추출법과 에스프레소의 추출을 단순 가정, 비교하면 다음과 같다.

• 일반 드립식

원두량 : 10g	추출량 : 150cc	추출 성분 함유량 : 6% 내외

• 에스프레소

원두량 : 14g	추출량 : 60cc	추출 성분 함유량 : 24% 내외

쉽게 말하면 같은 양의 드립식 커피에 비해 에스프레소가 약 14배 이상 진한 액체라는 것이다. 이는 추출 조건에 따라 맛의 변화 가능성을 14배 이상 내포하고 있다는 말이다. 추출 시에 14배 주의가 필요하다고 할 수 있다. 따라서 보다 맛있고 정확한 추출을 위해 에스프레소는 추출하는 사람의 지식과 열정을 필요로 한다.

2 스티밍 *Steaming*

라떼아트에서 아주 가늘고 부드러운 공기가 혼합된 폼드밀크(foamed milk)를 만드는 작업을 스티밍(steaming)이라고 한다. 이것은 에스프레소 머신에 달려 있는 노즐에서 나오는 스팀으로 우유에 공기를 불어넣고 이를 다시 잘게 부수고, 동시에 따뜻하게 데우는 것을 말한다.

영업용 머신을 보면 일반적으로 두 개의 압력 게이지(pressure gauge)가 있다. 하나는 추출 압력을 나타내는 것이고, 또 하나는 스티밍을 할 때 작용하는 스팀의 압력을 나타내는 것이다. 스티밍을 할 때 작용하는 압력은 약 1.25기압이다. 이 압력이 아니면 짧은 시간에 공기를 불어넣고 잘게 부수는 것이 불가능하다.

일본 전문학교에서 처음으로 사용한 머신은 라침바리(La Cimbali) 준영업용의 1련식이었다. 어떤 때는 질감 좋은 폼드밀크를 만들 수 있었지만 또 어떤 때는 부드러운 폼드밀크를 만들지 못했다. 그 이유를 알지 못한 채 몇 달간 고생하다가 결국 그것이 압력의 문제라는 것을 깨달았다. 그리고 그 다음부터는 압력이 최고에 이르는 지점에서 스티밍을 시작하여 압력이 떨어지기 전에 작업을 마치는 방식을 취하게 되었다.

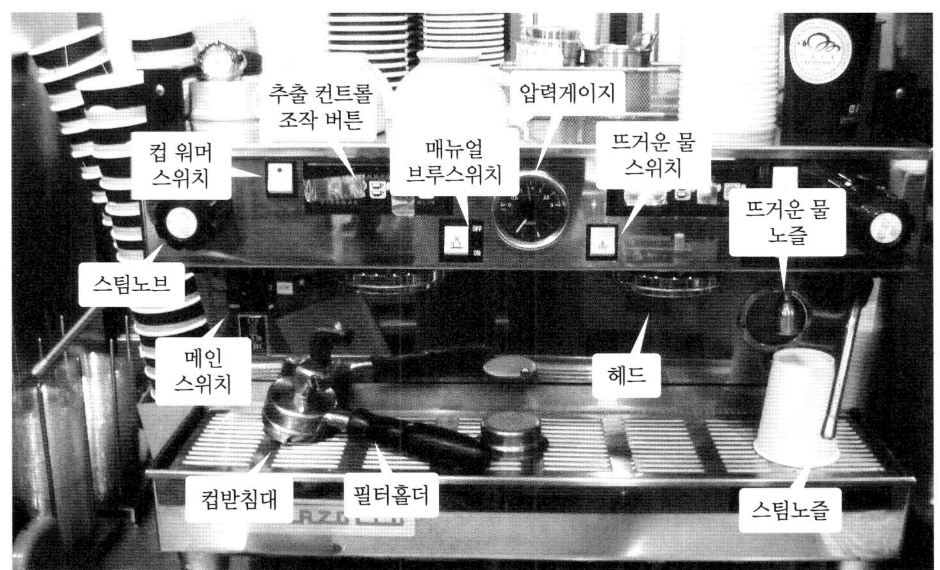

에스프레소 머신의 각부 명칭

머신의 종류에 따라 압력은 물론 노즐의 스팀이 나오는 구멍의 수가 달라지기도 하는데 이런 각 상황에 맞는 작업 요령이 필요하다.

라떼아트에 관한 책을 보면 우유는 물론 피처(pitcher) 역시 냉장고에 넣어 차게 하는 것이 필요하다고 적혀 있다. 변질되기 쉬운 우유를 냉장고에 넣어두는 것은 당연하다고 생각되지만, 피처까지 냉장고에 넣어둘 필요가 있을까 하는 의문이 들지도 모르겠다.

그 이유를 잠시 살펴보면 이렇다. 각 점포마다 다르지만 일반적으로 라떼의 용량은 200cc 정도이다. 여기에 에스프레소의 용량 30cc를 제거하면 폼드밀크가 170cc가 된다. 이 중에 포함된 공기의 체적을 고려하면 필요한 우유의 양은 겨우 140~150cc밖에는 되지 않는다. 직접 스티밍을 해 본 사람이라면 알겠지만 이 양으로는 질감 좋은 폼드밀크를 얻는다는 것은 생각외로 어렵다. 그래서 일부에서는 적어도 200cc의 우유가 필요하다고 한다. 200cc의 우유를 스티밍하는 데 걸리는 시간은 11~12초이다.

부드러운 폼드밀크를 얻기 위해서 단 1초라도 길게 스티밍을 할 필요가 있다. 이렇게 하기 위한 유일한 방법이 피처를 차갑게 해서 사용하는 것이다. 만약 300cc 이상이라면 이렇게 할 필요는 없을 것 같다.

피처를 냉장고에 넣어 차게 한다.

스티밍에 사용되는 피처는 형상, 크기, 두께에 따라 여러 가지 종류가 있다. 그 중에서 자신에게 맞는 것을 택하면 된다. 가능하다면 익숙해지기까지 하나의 피처를 사용하기를 권한다. 왜냐 하면 피처의 크기나 형상에 따라 대류가 달라지기 때문이다. 피처의 크기나 형상이 달라지면 항상 일정한 폼드밀크를 얻는 것이 어렵다. 하나의 피처를 사용함으로써 피처의 용량이 손에 익게 되고 사용하는 우유의 낭비를 줄일 수 있다.

바리스타가 되고자 하는 이가 있다면 600cc 미만의 작은 피처를 사용하는 것이 적당하다. 용량이 작은 피처일수록 우유에 깊이가 생성되어 안정적인 스티밍이 가능하기 때문이다. 영업용 머신의 경우는 파워가 강하기 때문에 우유에 깊이가 없으면 분사되는 스팀이 피처의 밑면까지 도달하고 그 반발력에 의해 불규칙한 대류, 즉 제어가 불가능한 대류가 발생한다. 이때 노즐과 우유 사이에 공간이 생겨 원하지 않는 양의 공기가 유입된다.

또 다른 이유를 들면 직경이 작을수록 회전수가 늘어나 그만큼 스팀에 의해 흡입된 공기가 부서지는 기회가 늘어나 자연적으로 부드러운 폼드밀크를 얻을 수 있다.

이제부터 본격적으로 영업용 머신 라마르조꼬 리네아2 오토(La Marzocco Linea2 Auto)를 사용하여 스티밍을 설명하기로 하자.

• 피처 용량 : 600cc (20oz)   • 액체 : 350cc (우유 70cc, 얼음물 280cc)

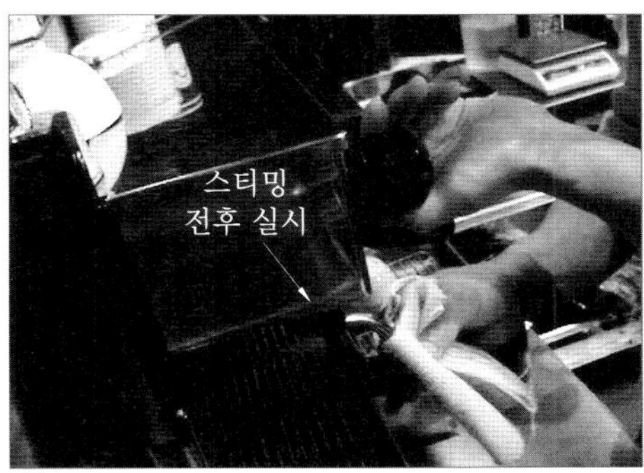

이때 타월로 노즐을 완전히 감싸 안전하게 하고
머신 본체에 어떤 해도 가지 않게 한다.

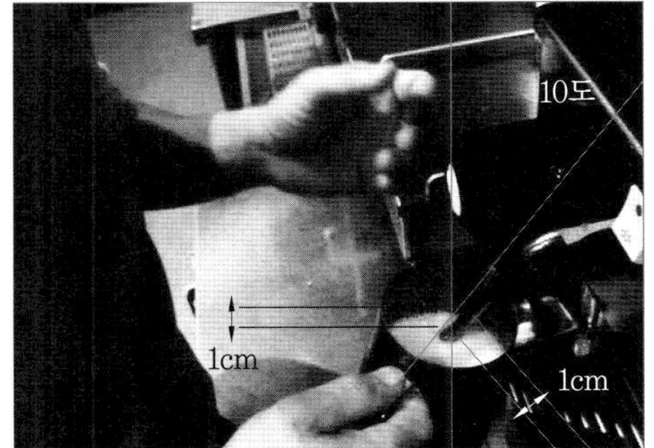

350cc 스티밍 시의 노즐 각도와 위치

내가 처음 연습할 때에는 우유와 물의 비율을 1 : 1로 했지만, 최근에는 1 : 4의 비율도 별 문제가 없음을 알게 되었다. 물론 우유만 사용한 경우에 비해 질감이 가볍고 폼이 금방 꺼지지만, 단지 연습하는 것이라면 문제가 되지 않는다.

여기에 실린 모든 것들이 이렇게 물과 섞어 작업한 것임을 미리 밝혀둔다.

우선은 피처에 우유와 얼음물을 저울질하여 담는다(익숙해질 때까지는 매번 저울질하는 것이 좋다. 물과 섞어 작업을 하면 그 비율에 따라 질감이 달라진다. 1 : 4의 비율이 연습을 위한 한계 비율이다).

시간이 지나면서 노즐에는 수증기가 방울로 맺힌다. 이를 작업 전과 작업 후 약 1~2초에 걸쳐 완전히 제거한다. 피처와 노즐은 80도★ 정도가 되도록 하고

★ 이 각도에서 밑부분의 액체까지 회전시킬 수 있다. 각도가 너무 작으면 노즐의 구멍이 수면에 열린 상태가 되어 공기 조절이 불가능하다. 48페이지 위 그림처럼 뿜어져 나온 스팀에 의해 생긴 폼의 일부가 액체 속으로 들어가지 못하고 표면에 떠오른다. 이렇게 되면 부드러운 폼드밀크를 얻지 못한다.

수면에서 1cm 정도 노즐이 잠기게 한 후 피처의 테두리에서 1cm★ 정도의 간격을 띄운 채 위치시킨다.

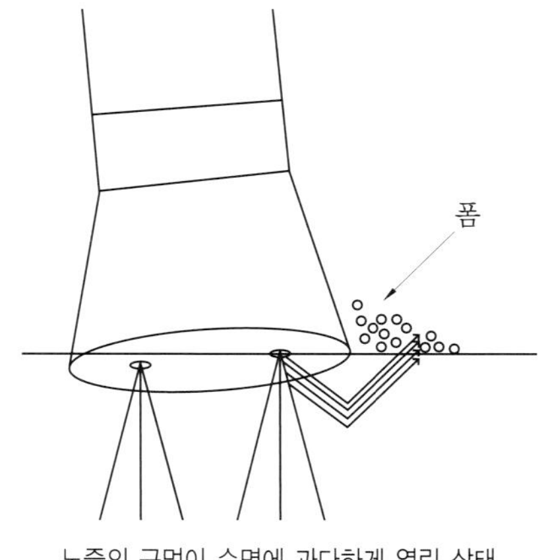

노즐을 위치시켰으면 밸브를 열고 스티밍을 시작한다. 곧 있으면 스팀에 의해 공기가 유입되는 소리(찌짓-)가 들린다. 피처 안을 확인하며 천천히 피처를 밑으로 내린다. 적정량의 공기가 유입되었으면 다시 피처를 올려 3cm 이상 노즐의 구멍을 잠기게 한다(회전에 의해 노즐과 부딪혀 생긴 공간에 의해 공기의 유입이 발생하게 된다. 이를 방지할 수 있는 깊이가 3cm이다).

작업 중에는 항상 피처 안을 살펴가며 회전이 멈춰 있는 곳이 있으면 위치를 조정하여 전체가 회전하게 한다. 손을 피처에 대어 60℃(익숙해질 때까지는 온도계를 사용하여 확인하기를 바란다)가 되면 스티밍을 마친다. 그리고 처음에 말한 대로 약 2초간 밸브를 열어 노즐 구멍에 맺힌 우유 성분을 완전히 제거한다.★

실제 나의 경우는 A지점에서 밸브를 열어 약 2~4초간 공기를 불어넣고 오른쪽 그림처럼 B지점까지 피처를 낮추어 그 위

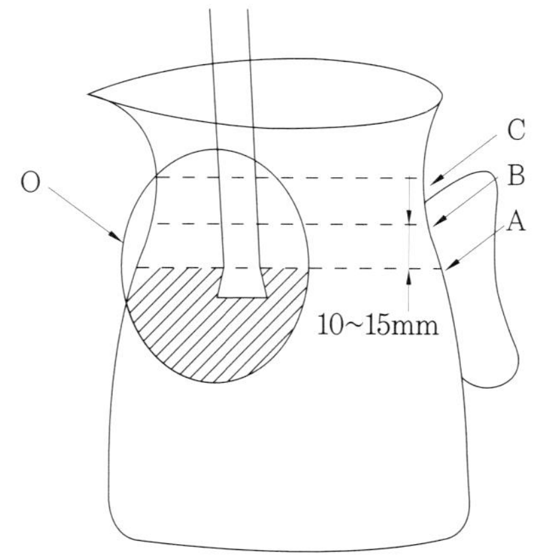

치에 피처를 고정시킨다.

그러면 스팀의 압력에 의해 생긴 공간을 통해 공기들이 액체 속으로 조금씩 빨려 들어가 나중에는 C위치만큼 체적이 불어난다. 이렇게 하면 유입되는 공기 입자가 아주 가늘기 때문에 별도로 공기를 잘게 부수는 작업 없이 최적의 폼드밀크를 만들 수 있다.

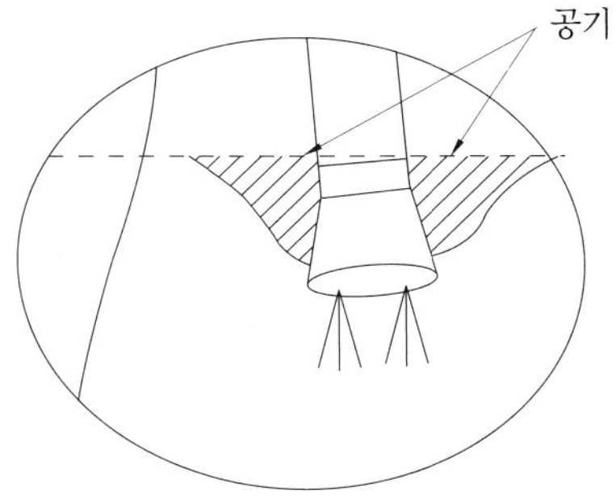

스팀의 압력에 의한 노즐 주위의 공기 유입

여기까지가 350cc의 스티밍 요령이다. 사실 몇 번 반복하다 보면 별문제 없이 그 요령을 찾을 수 있다. 이에 비해 200cc의 필요량만을 스티밍하는 경우라면 신중해야 한다. 이 양을 적정 온도로 스티밍하는 데 걸리는 시간은 겨우 10초 전후이다. 따라서 정해진 동작을 하지 않으면 원하는 결과를 줄 수 없다.

200cc의 경우는 350cc와 다르게 피처를 왼쪽으로 70도 정도 기울여 우유의 깊이를 만든다.★ 그리고 노즐을 약 85도 각도가 되게 한다. 이 각

★ 내가 사용하는 20oz의 피처에 200cc의 액체를 담으면 깊이가 3cm가 된다. 이 깊이로는 노즐에서 뿜어 나오는 스팀의 압력을 제어하는 데 무리가 있다. 작업자가 제어하기 위해서는 적어도 5cm 이상이 필요하다.

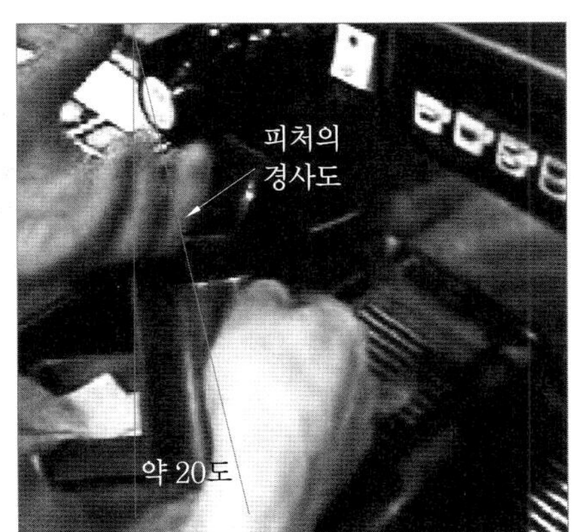

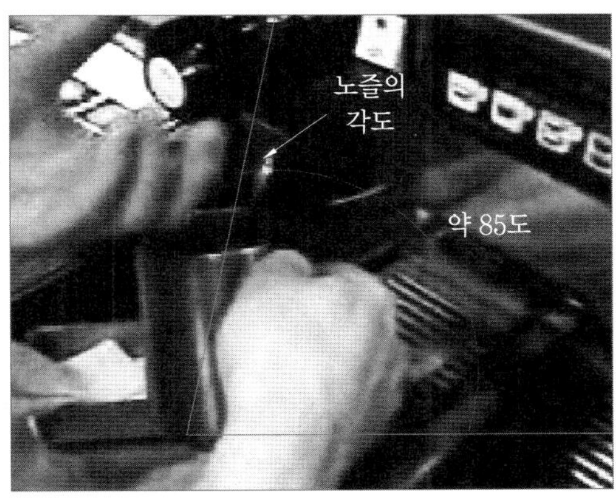

200cc의 스티밍 피처의 경사도(왼쪽)와 노즐의 각도

도 이하에서는 앞서 말한 것처럼 노즐의 구멍이 수면에 열리게 되어 공기의 유입 제어
가 힘들게 된다.★ 피처를 기울여 만든 깊이에 노
즐을 위치시키고 노즐의 각도로써 스티밍 시 공
기 유입량의 조절을 가능하게 하는 것이다. 단시간에 필요한 공기를 불어넣고 바로 피
처를 위로 올려 공기를 잘게 부순다. 양이 적은 만큼 적은 공기로 적절한 폼드밀크를
만들 수 있다. 그리고 적정 온도가 되면 작업을 멈춘다.

흔히 우유의 적정 온도는 60~65℃라고 알려져 있는데, 이는 우유의 락토오스
(lactose) 성분이 이 온도에서 단맛을 가장 강하게 내기 때문이다. 바리스타에 따라
서는 비교적 낮은 55℃를 기준으로 하는 이도 있다. 이는 단순히 맛에 대한 평가만이
아닌, 음료의 온도에 관한 개인적인 사고(뜨거운 것을 싫어하는 이도 있음)에 따른 것
이다. 또 이 온도의 우유가 비교적 부드럽고 질감이 좋기 때문이다.

스티밍이 끝났으면 테이블에 피
처를 2~3회 두들겨 표면의 거칠
고 큰 기포를 제거한다. 그리고 손
목 스냅을 이용해서 피처를 돌려
줌으로써 공기와 접촉을 일으키고
전체가 골고루 섞이게 한다. 공기
와 접촉을 하면 우유에서 광택이
난다.

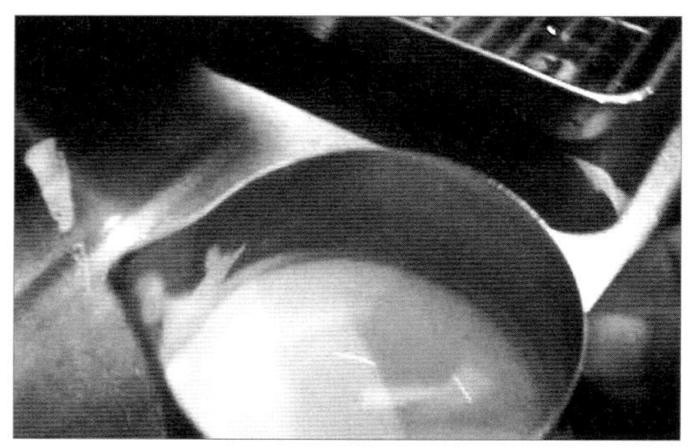

손목의 스냅으로 피처를 회전시킨다.

스티밍을 할 때에는 안정적인 자세가 필요하다. 몸이 움직이거나 흔들리면 액체의
대류가 불규칙하여 필요 이상의 공기가 들어갈 염려가 있다. 이렇게 되면 좋은 폼드밀
크를 얻을 수 없다.

　　오른쪽 사진처럼 왼쪽 어깨를 밸브의 정면에 위치시키고, 오른손은 홀더그립(holder grip)에, 왼손은 컵받침대에 지지한다. 이렇게 함으로써 안정적인 자세가 되어 세밀한 조정이 가능하다. 라떼아트의 절반이 바로 스티밍에 달려 있다고 해도 과언이 아니다.

스티밍 시의 위치와 자세

　　현재 기술의 발달과 개량에 의해 머신과 밀의 성능이 상당한 수준에 이르렀다. 필터홀더를 세팅하면 자동적으로 분쇄나 탬핑이 가능한 밀, 머신에 뜸들임 기능이 추가되어 탬핑을 할 때 일정한 힘을 가하지 않아도 되는 것도 있다. 뿐만 아니라 스티밍 역시 설정된 매뉴얼 버튼을 누르면 자동적으로 적절한 스티밍이 이루어지는 것도 있다.

　　이것은 에스프레소의 수요가 증가하면서 바리스타가 쉽고 편하게 작업할 수 있게 하기 위함이지만, 동시에 이는 바리스타의 필요성이 조금씩 줄어들고 있다는 이야기도 된다. 아무리 기술이 발달하고 성능이 향상되어도 머신만으로 불가능한 것 그리고 발달하는 기술에 뒤지지 않게 바리스타로서의 기술과 지식, 마음자세를 갖추도록 노력해야 한다.

☕ 스티밍의 적절성 판단법

　　스티밍의 적절성을 손쉽게 판단할 수 있는 방법이 있다. 스티밍 후 테이블에 두드려 큰 거품을 제거하는 것이 기본적인 순서이다. 이때 피처 안에 생성된 거품이 적으면 그 반발력에 의해 액체가 위로 튀어 오른다. 반대로 거품이 많으면 움직임이 둔하다. 마찬가지로 액체와 거품을 섞기 위해 피처를 돌릴 때 그때의 움직임으로도 적절한 스티밍이 이루어졌는지 알 수 있다. 거품이 적다면 회전하는 액체의 모습이 적은 거품

사이에 그대로 비치고 거품이 많다면 그 유동이 상당히 무겁다. 처음에는 어느 정도가 적절한 상태인지 구분이 잘 안 되지만 그 과정을 유심히 살펴가며 몇 번의 경험을 쌓으면 금방 그 적절성을 알 수 있다.

☕ 스티밍할 때의 또 하나의 요령

스티밍을 해서 적절한 폼드밀크를 얻기 위해서는 자세도 중요하지만 또 하나 기억해 두어야 할 것은 바로 밸브의 조작이다. 익숙하지 않은 사람은 밸브 개폐를 몇 번씩 반복하는 것이 대부분이다. 그렇게 되면 밸브를 열고 공기를 집어넣는 데 그만큼 시간이 더 걸리고 나중에 불어넣은 공기를 부수는 시간이 줄어든다. 단 한번에 밸브 조작이 가능하도록 하는 것이 필요하다. 라떼아트는 물론 라떼 자체가 바로 시간과의 싸움이다.

☕ 사용하는 노즐에 관하여

보통 영업용 머신에는 두 개의 노즐이 있다. 그리고 작업 동선상 밀은 머신의 오른쪽에 위치시키는 것이 일반적이다. 그렇다면 왼쪽과 오른쪽 어느 쪽의 노즐을 사용해야 하는 것일까? 답은 왼쪽 노즐, 즉 밀과 거리가 먼 쪽의 노즐을 사용해야 한다. 분쇄되어 담겨 있는 밀에 수증기와 열기가 미치는 영향을 무시할 수 없기 때문이다. 이것은 작업에 대한 기초 지식과도 관련이 있다.

☕ 우유에 관하여

우유에는 수분(약 87.5~88.5%), 고형분(약 11.5~12.5%), 지방(약 3.0~3.7%), 단백질(약 2.8~3.2%), 유당(약 4.5~4.8%)이 함유되어 있다. 이 중에서 지방은 부드러움과 고소함을 느끼게 해 주고, 단백질은 고소함과 단백함 그리고 유당(락토오스)은 단맛을 느끼게 하고 우유에 농도를 주는 것으로 알려진다.

책이나 일부 점포에서는 스티밍한 우유를 급랭하면 재사용이 가능하다고도 하는데 이는 절대 금물이다. 일단 가열된 우유는 영양소 파괴는 물론 냄새와 풍미에 변화가 생긴다. 그리고 한번 사용한 재료를 다시 사용하는 것은 위생적으로 좋지 않을 뿐만 아니라, 고객에 대한 예의에도 어긋나는 일이다.

☕ 스티딩 & 라떼아트에 관한 용어

라떼아트 작업에 들어가기 전 몇 가지 용어에 대해 간단히 설명하려고 한다.

스티밍(steaming) : 머신에서 나오는 강한 압력의 스팀을 사용하여 액체를 데우는 일을 말한다. 여기서는 본래 의미의 스티밍은 실시하지 않기 때문에 폼을 만드는 것, 즉 포밍과 같은 의미로 해석하기로 한다.

포밍(foaming) : 머신에서 나오는 강한 압력의 스팀을 사용하여 폼을 만들고 동시에 데우는 작업을 말한다.

스팀드밀크(steamed milk) : 스티밍된 우유의 액체, 즉 폼이 없는 상태이다.

폼드밀크(foamed milk) : 스티밍된 우유로 폼이 들어 있는 상태이다.

폼(foam) : 스티밍된 우유의 폼(거품)을 의미한다.

필터홀더(filter holder) : 포르타 필터(portafilter)라고도 한다.

- 원 도스 필터홀더(1-dose filter holder) : 한 번의 도싱으로 적당한 양이 되는 필터홀더 (싱글용)

- 투 도스 필터홀더(2-dose filter holder) : 두 번의 도싱으로 적당한 양이 되는 필터홀더 (더블용)

필터(filter) : 필터에는 1-도스 필터와 2-도스 필터가 있다. 1-도스 필터홀더에는 1-도스필터, 2-도스 필터홀더에는 2-도스 필터를 결합시키며, 그 반대의 경우 손상의 위험이 있기에 주의한다.

| 1-도스 필터 | 2-도스 필터 | 블라인드 필터 |

- 원 도스 필터(1-dose filter) : 1-도스 필터홀더에 끼우는 필터

- 투 도스 필터(2-dose filter) : 2-도스 필터홀더에 끼우는 필터

- 블라인드 필터(blind filter) : 구멍이 없는 필터. 싱글, 더블용의 필터홀더에 상관없이 세팅 가능하며 영업 후 청소할 때 사용

3 라떼아트 *Latte Art*

1 이탈리아 스타일과 시애틀 스타일

에스프레소에 스티밍한 우유를 따라서 그림을 그리는 것을 라떼아트(latte art) 또는 디자인드 카푸치노(designed cappuccino)라고 한다.

라떼아트와 디자인드 카푸치노는 어떤 차이가 있을까? 이것은 추구하는 스타일, 즉 표현하고자 하는 관점에 달린 것이다.

폼의 상태

다시 말하면, 이것은 이탈리아 스타일과 시애틀 스타일의 차이라고 설명할 수 있다. 에스프레소의 본고장은 누구나 알고 있는 것처럼 이탈리아이다. 하지만 에스프레소를 전 세계에 퍼트린 것은 미국의 서해안 항구도시 시애틀이다. 에스프레소에 폼드밀크를 더한 카페라떼가 바로 그 주역이다. 잠시 이탈리아 스타일과 시애틀 스타일에 대해 살펴보기로 하자.

이탈리아 스타일 카페라떼　　　　　시애틀 스타일 카푸치노

이탈리아 스타일 카푸치노　　　　　시애틀 스타일 카페라떼

　이탈리아 스타일의 카페라떼는 스팀드밀크, 즉 폼이 없거나 적고 카푸치노는 폼이 들어간 우유, 즉 폼드밀크로 만든다.

　이탈리아 스타일에 비해 시애틀 스타일의 카페라떼는 폼드밀크로 만들고, 카푸치노는 많은 양의 거품을 불어넣은★ 폼드밀크를 사용하여 만든다.

★ 여기서 거품은 약 절반 정도 그리고 만드는 방식에 따라 dry, wet 두 가지 방식으로 나뉜다.

　라떼에 사용하는 컵의 용량은 약 180ml, 폼의 두께는 0.7~1.2cm 정도이고 카푸치노에 사용하는 컵의 용량은 일반적으로 150ml, 폼의 두께는 1.0~1.5cm 정도이다. 라떼와 카푸치노의 정의는 정확히 정해져 있지 않고, 점포나 바리스타에 따라 해석이 달리 되고 있다.

정확히 말하면 이탈리아식 카푸치노와 시애틀식 카페라떼는 같은 음료를 지칭하는 것이라고 할 수 없다. 이탈리아식에서는 완벽한 에스프레소가 요구되는 것에 비해, 시애틀식에서는 우유와 에스프레소를 혼합시킨 음료에 완성도를 요하고 있다.

에스프레소에 많은 양의 설탕을 넣고 한두 모금 빨리 마신 후, 캐러멜 같은 단맛과 길게 남는 여운을 즐기는 것이 이탈리아 스타일이라고 할 수 있다. 장방형의 국토를 가진 이탈리아에서는 남과 북이 에스프레소를 즐기는 방식이나 배전도에 차이를 보인다. 그렇지만 남북 모두 에스프레소 자체를 즐기는 것은 같다. 에스프레소를 충분히 즐길 수 있게 깊이, 균형감, 향을 발휘할 수 있는 배전과 배합이 이루어지고 있다. 흔히 알려진 대로 이탈리안 로스트(Italan roast)라고 하면 배전도가 제일 깊은 상태의 배전을 말하지만 실제 이탈리아에서는 이 정도의 배전은 이루어지지 않는다. 시티에서 풀시티(제2터짐의 영역)가 일반적이며, 에스프레소의 밸런스를 잡기 위해 기본적으로 5가지 이상의 생두가 사용되는 것으로 알려져 있다.

반면 시애틀 스타일은 우유의 사용을 전제로 한다. 대표적인 곳이 바로 스타벅스이다. 우유의 사용이 기본이기 때문에 원두의 배전이 이탈리아 스타일보다 깊어지게 된다. 우유를 사용하더라도 에스프레소가 우유에 뒤지지 않게 강한 보디를 지니게 하기 위해서이다.

그렇다면 에스프레소의 본고장인 이탈리아와 왜 이런 차이가 생겨난 것일까? 그 이유를 생각해 보면 두 가지 가능성이 있다.

첫 번째는 이탈리아 이주민에 의해 넘어간 이 에스프레소는 미국인에게 너무 강하게 다가갔을 것이라는 가설이다. 아메리칸이라는 대명사처럼 조금은 옅고 부드러운 커피를 즐겨 마시는 미국인으로서는 30cc의 이 액체를 그대로 마실 수 없었을 것이다. 그래서 그 강렬함을 조금 연하게 하기 위해 우유를 사용하게 되었던 것은 아닐까 한다.

또 다른 이유는 머신의 발달에 있다고 보여진다. 에스프레소가 이탈리아에서 발달하고 이에 사용되는 에스프레소 머신 역시 이탈리아에서 발달하였다. 처음 등장한 머신은 지금에 비해 성능이 떨어지고 스티밍을 할 때에도 폼을 만든다기보다는 단지 데우기 위한 정도에 머물렀다. 그리고 연구, 개발에 의해 안정적인 스티밍이 가능하게 된 머신이 시애틀로 넘어가고 이것이 당시의 미국인 취향에 딱 들어맞게 된 것은 아닐까 한다.

간단하게 살펴봤지만 여기서 기억해야 할 것은 어느 쪽이든 중심에는 에스프레소가 자리잡고 있다는 것이다.

🫘 바르

단순히 에스프레소, 라떼, 카푸치노를 기준으로 시애틀식과 이탈리아식을 비교해 보았다. 하지만 이런 단순 비교가 자칫 오해의 소지가 될 것을 우려해 이탈리아의 바르(bar)에 대해 잠깐 소개하려고 한다.

흔히 우리가 카페라고 부르는 것이 이탈리아에서는 바르의 한 형태에 속한다. 이탈리아의 바르는 미국의 바(bar)에 기본을 두고 있으며 에스프레소뿐만이 아닌 주류, 음료, 식사, 빵, 샌드위치, 아이스크림 등 언제나 손쉽고 값싸게 격식 없이 이용 가능한 음식점이라고 보면 좋을 것이다. 마치 우리나라의 분식점처럼 말이다.

바르는 일반적으로 가계 사업 형태로 운영되고 각 점포마다 특성과 개성을 지녔다. 그리고 바르에는 지식과 기술, 경력을 가진 바리스타가 있는데, 이는 불특정 다수의 고객을 상대하는 것이 아니라, 특정 소수의 단골 고객층 확보에 중점을 두었기 때문이다. 보통 이탈리아인들은 자신들이 즐겨 찾는 나만의 바르에서 자신만의 음료를 마신다. 단지 음료, 식사의 장이 아닌 하나의 사교의 장이 되고 삶의 한 부분이 되는 것이 이탈리아의 바르이다.

2   라떼아트란 무엇인가?

라떼아트(Leaf of Swirls Style)

라떼아트는 카페의 꽃이라고 한다. 맛은 단지 혀에서만 느끼는 것이 아니라 후각, 시각, 청각 등 모든 감각을 통해서 느낀다. 주문을 한 고객은 만드는 사람의 숙련된 동작을 보고 안심할 수 있고 그 제품이 완성될 때까지의 시간을 즐길 수 있다. 신선한 원두에서 나오는 향으로 처음 맛을 느끼고 테이블에 놓인 컵 안의 액체를 입에 머금기 전에 라떼아트에 감동받기도 한다. 적어도 여기까지의 과정이 충분히 만족되었다면 실제 맛과는 상관없이 고객은 맛있게 느낄 수밖에 없을 것이다. 숙련되고 안정된 바리스타의 동작과 라떼아트는 그 자체로서 이미 하나의 맛을 창조하는 과정이라고 할 수 있다. 지금부터 라떼아트에 대해 서술하려고 한다.

라떼아트에 있어 네 가지 기본적인 필수 조건이 있다. 즉, 완벽히 추출된 에스프레소, 아이스크림처럼 부드러운 폼드밀크, 바리스타의 숙련된 기술 그리고 생명력이다. 즉 살아 있는 사람으로 또 사람을 사람답게 살아가게 하는 정열이다.

사람에 다라서는 라떼아트를 높이 평가하지 않기도 한다. 단지 자기 만족에 지나지 않고 그림에 중점을 두어 커피 본래의 맛을 느끼지 못하게 한다는 이유에서이다. 물론 그럴 가능성도 충분히 있다. 하지만 라떼아트는 하나의 기술임과 동시에 컵에 담긴 액체의 가치를 더하는 작업임에는 틀림없다. 뿐만 아니라 고객을 감동시키며 마음을 전하는 수단이기도 하다.

라떼아트는 숙련된 기술이 없고, 에스프레소에 대한 지식이나 스티밍에 대한 풍부한 경험이 없으면 결코 할 수 없다. 에스프레소, 스티밍, 라떼아트에 대한 지식, 경험, 기술을 지녔다는 것은 시간과 노력, 마음을 다해 열정을 쏟아부은 증거라고 할 수 있다.

3 라떼아트의 분류

에스프레소와 우유를 사용하여 그림을 그리거나 메시지를 적는 것을 크게 라떼아트라고 한다. 라떼아트는 다른 도구를 사용하지 않고 단지 피처의 움직임만으로 그림을 그리는 프리푸어 스타일(free pour style)과 핀, 초코소스, 파우더 등을 사용하여 그림을 그리는 에칭(etching)으로 나눌 수 있다. 이 정의 역시 특별히 규정되는 것은 아니며, 일반적으로 디자인드 카푸치노라고 하면 두 가지 의미가 모두 포함된 것을 지칭한다. 라떼아트를 말할 때는 전자의 프리푸어 라떼아트를 말하는 경우가 대부분이다.

프리푸어 라떼아트(나뭇잎)

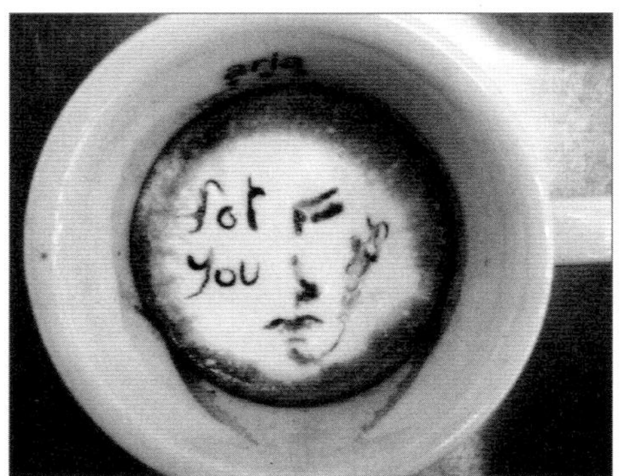

에칭(남자)

지금부터 라떼아트라고 칭하는 것은 프리푸어 스타일이라 정의하며 에칭과는 구별하기로 한다.

바리스타들은 자기 나름대로의 스타일을 가지고 있으며 에칭이 특기인 사람이 있는가 하면, 어칭을 전혀 평가하지 않는 사람도 있다. 개인적인 기준에 따른 것이지만 두 가지 모두 장단점과 특성을 가지고 있으며 많은 연습이 필요하고 만든 제품에 가치를

에칭과 라떼아트에 관한 개인 소견

바리스타가 되려고 하거나 바리스타의 길에 들어선 지 얼마 안 된 사람은 되도록이면 에칭은 자제하기를 바란다.

그 이유는 다음 두 가지이다.

우선, 라떼아트에 걸리는 시간은 약 10초에서 20초 사이이다. 이에 반해 에칭에 걸리는 시간은 거의 1분 이상이다(개인이나 디자인에 따라 다름). 스티밍된 우유는 시간이 지나면서 폼과 분리가 일어난다(약 25초 이내). 또 정도는 미미하지만 온도 저하 역시 고려 대상이 된다. 그렇기 때문에 가능하다면 스티밍 직후 빠른 손놀림으로 작업을 해서 본래의 맛을 전달하는 것이 중요하다(분리가 일어난 후의 폼드밀크의 질감은 확연히 차이가 난다).

또 다른 이유는 에스프레소와 스티밍에 관한 이해를 높이기 위해서이다. 흔히 바리스타 챔피언십에서 바리스타들이 에스프레소와 폼드밀크의 일체감을 중요하게 여긴다고 하는 것을 들을 수 있다. 앞에서 말한 대로 라떼아트를 만들기 위한 조건에는 완벽한 스티밍이 있다. 완벽한 스티밍을 위해서는 상당한 시간과 노력, 경험이 필요하고 라떼아트에 대한 자신만의 이미지가 확립되어야 한다. 그 전에 에칭에 빠지게 되면 스티밍에 대한 이해와 깊이를 얻을 수 있는 기회를 잃을 가능성이 있다. 따라서 가능하면 에스프레소의 추출, 스티밍에 대한 확실한 자기의 생각이 정립되었을 때 에칭으로 넘어가는 것이 바람직하다고 판단된다.

담는 것이다. 어느 쪽을 추구하든 기본적으로 두 가지 모두에 대한 지식과 기본 요령은 알고 있어야 한다. 이를 통해 에스프레소와 폼드밀크의 만남에 관한 이해가 깊어질 수 있고, 각각 다른 관점에서 서로를 볼 수 있는 기회를 가질 수 있다. 또 고객이 어떤 것을 주문하더라도 대처할 수 있는 능력을 키울 수 있을 것이라 판단된다.

그렇다면 라떼아트에 대해 살펴보자.

무엇인가를 잘 수행하기 위해서는 도구의 적절한 선택이 중요하다. 여기에서도 마찬가지이다. 피처도 그렇지만 컵 역시 중요한 선택 항목이다. 컵의 형상이나 크기에 따라 작업의 수월성이 결정되기 때문이다.

라떼아트에 적당한 컵은 용량이 240cc 정도이고, 적어도 컵의 높이보다 직경이 큰 것이 좋다(종이컵을 사용한 라떼아트도 소개할 생각인데 뒷편에서 볼 수 있다). 컵의 용량이 작으면 그 자체로 작업이 어렵고 스티밍한 폼드밀크가 남게 된다.

또 컵의 테두리 형상이 액체를 안으로 잘 잡아둘 수 있는 것을 선택해야 한다. 간혹 액체가 컵 밖으로 흐르는 곡선을 지닌 컵들이 있는데 가급적이면 피하는 것이 좋다. 라떼아트를 하다가 보면 컵 안이 가득 차는 경우 액체가 밖으로 흐르기 쉽기 때문이다.

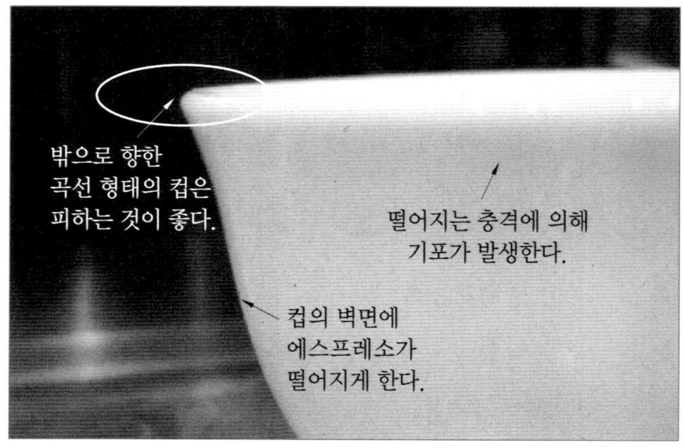

컵에 대한 주의 사항

직경 9cm, 용량 약 230cc, 밑면이 편평한 형상

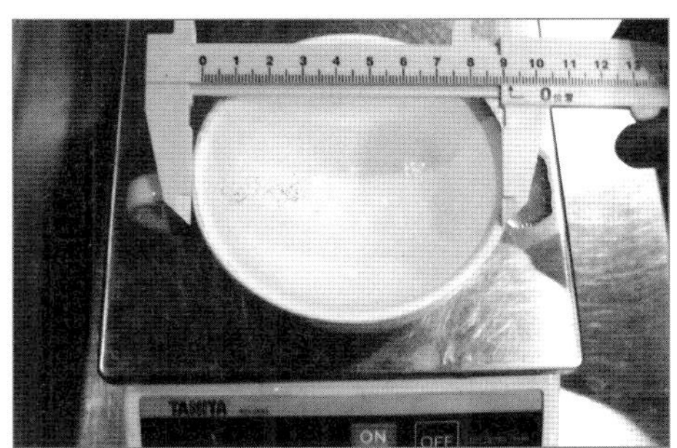

직경 9.2cm, 용량 약 230cc, 밑면이 둥근 형상

머신에서 에스프레소를 받을 때 중앙이 아닌 컵의 테두리 쪽으로 떨어지게 위치시키는 것도 하나의 요령이다. 홀더에서 떨어지는 충격에 의해 기포가 생길 수 있기 때문이다.

12oz, 20oz, 32oz (왼쪽부터 차례로)

피처에 대해서는 앞에서 말한 것처럼 익숙해질 때까지 한 종류를 사용하는 것을 추천한다. 20oz의 두께가 얇은 피처는 약 230cc의 컵 두 잔의 작업이 가능하고, 두께가 얇으면 데워지는 우유의 온도가 그대로 손에 전달된다.

4 라떼아트의 원리

라떼아트는 에스프레소(크레마를 제외한 부분), 크레마, 스팀드밀크(폼이 없는 액체), 폼 이렇게 네 가지 요소로 구성된다. 이 중에서 비중이 가벼운 것은 크레마와 폼이다. 두 가지 중에서 어느 것이 더 가벼운지 실험해 보았다.

쇼트글라스(short glass)에 에스프레소를 추출하여 그 위에 스푼으로 폼을 올리고, 또 다른 한쪽에는 거의 비슷한 두께를 가진 폼드밀크를 담고 그 위에 크레마를 올려 보았다. 아래 사진은 그때부터 5분이 경과한 시점이다. 사진에서 어느 한쪽도 두드러진 변화가 나타나지 않은 것을 보면 크레마와 폼, 두 가지의 비중이 거의 비슷하다는 것을 알 수 있다.

다시 정리하면 라떼아트, 즉 그림을 그리는 것은 스티밍에 의해 공기를 머금은 가벼운 폼드밀크가 컵에 담긴 에스프레소와 스팀드밀크, 크레마, 폼의 조화에 의해 생긴 막 위에 놓여지고 걸쳐지는 과정에서 생기는 모양이다. 에스프레소의 크레마와 폼드밀크가 만나서 어느 정도의 장력과 두께를 가지게 되고 여기에 따른 폼드밀크의 양, 속도, 높이, 움직임 등에 따라 모양, 크기, 선명도 등이 달라지는 것이다.

크레마와 폼의 비중을 알아보는 실험

에스프레소의 라떼아트   드립커피의 라떼아트

에스프레소가 아닌 드립커피에도 그림은 그릴 수 있다. 그러나 그림이 에스프레소에 그린 그림보다 선명하지 못하다. 그 이유는 에스프레소의 크레마에 의해 생기는 좋은 저항력과 색이 없기 때문이다.

그 이유를 미적인 관점이 아닌 이론적인 관점에서 살펴보면 라떼아트는 폼드밀크를 사용하여 그림을 그리는 것은 하나의 층에 폼을 올리는 과정이다. 폼을 올려놓기 위해서는 거품을 지지할 수 있는 힘과 하얀색이 선명히 드러날 수 있는 바탕색이 필요하다. 이것을 바로 에스프레소의 크레마가 담당한다.

약 30cc의 에스프레소 중에 크레마는 2~3mm의 두께를 가지고 있고 비중이 가벼운 오일 성분으로 이루어져 있다. 그래서 폼을 지지하기에 적당하다. 또 폼의 하얀색이 그대로 살아날 수 있게 해 준다.★ 따라서 완벽한 에스프레소는 라떼아트의 필수 조건 중 하나이다.

★ 드립커피에서는 폼드밀크가 커피와 섞여 버리지만, 에스프레소의 크레마는 폼드밀크와 잘 섞이지 않는다.

5 컵 잡는 방법

라떼아트에는 하트나 나뭇잎처럼 단순한 형상이 있는가 하면, 사면을 둘러싼 나뭇잎 형상처럼 복잡한 것도 있다. 원하는 디자인을 그리기 위해서는 컵을 잡는 방법이 하나의 키포인트가 된다. 손목을 굽히거나 손가락으로 컵을 돌리는 경우가 있기 때문이다.

컵을 잡는 방법에는 다음과 같이 크게 세 가지가 있다.

첫 번째는 컵의 손잡이를 잡는 방법이다. 이 방법은 불안정한 요소가 있기 때문에 그릴 수 있는 디자인에 한계가 있다. 따라서 하트, 나뭇잎, 튤립 등 비교적 단순한 그림에 사용 가능하다.

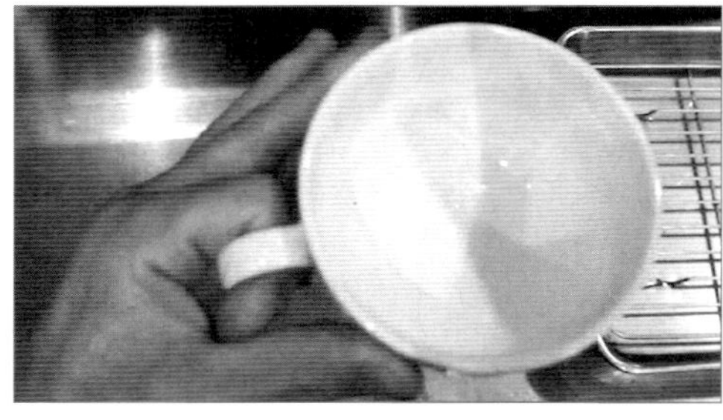

컵 손잡이를 잡는 바른 예
검지, 중지를 이용하여 컵을 확실하게 고정한다.

컵 손잡이를 잡는 나쁜 예

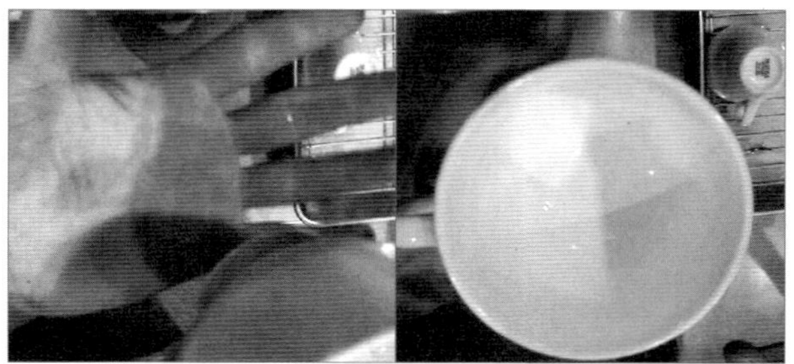

손바닥으로 컵을 감싸듯 잡는 바른 예

손바닥으로 컵을 감싸듯 잡는 나쁜 예

　두 번째 방법은 손바닥으로 컵을 감싸듯이 잡는 경우이다. 이 방법이 가장 안정적이고 피처의 움직임에 맞춰 손목을 굽힐 수 있기 때문에 사용 범위가 넓다. 가장 무난한 방법이라고 할 수 있다. 손을 벌려 컵 테두리를 잡는 이들도 있는데 이 방법은 나쁜 습관이다. 불안정하여 떨어뜨릴 가능성이 있으며, 또 사람 입에 닿는 부분을 손으로 잡는 것은 바람직하지 않기 때문이다.

종이컵 잡는 법

　종이컵에는 손잡이가 없기 때문에 잡는 방법이 두 가지밖에 없다. 컵의 측면을 잡는 방법과 손바닥에 컵을 올려 남은 손가락으로 가볍게 잡는 방법이다.

　가능하다면 컵 측면을 잡는 법은 피하는 것이 좋다. 가능성은 낮지만 컵을 놓칠 염려가 있으며 너무 강하게 쥐면 라떼아트를 한 후 형상이 찌그러지기도 한다.

　두 번째 방법은 안정적이며 종이컵 밑면에 5mm 정도의 간격이 있어 뜨거운 액체에 따른 열 전달이 잘 되지 않아 보다 안전하다.

컵의 측면을 잡는 방법

손 전체로 컵을 잡는 방법

마지막으로 세 번째는 주로 컵을 돌려서 그림을 그릴 때 사용되는 방법이다. 손목을 구부릴 수도 있고 손가락의 움직임이 자유로워 모든 디자인에 사용 가능하다. 손바닥은 컵에서 떨어져 있으며 엄지 손가락을 오므렸다 펴는 식으로 컵을 돌리는 것이다.

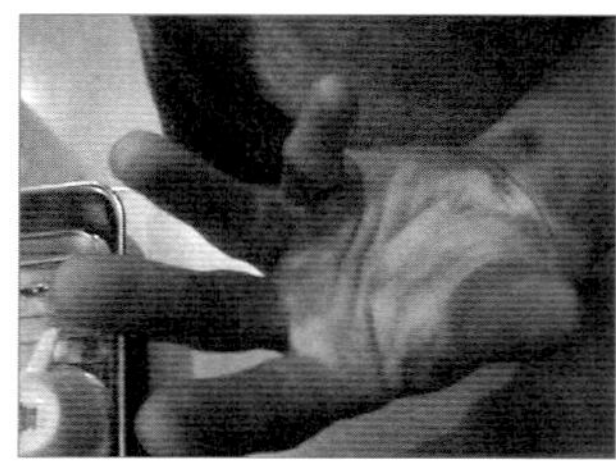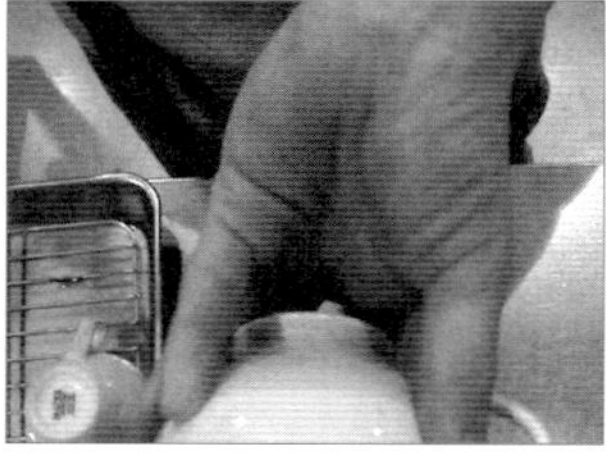

손바닥과 간격이 생겨 손가락의 움직임이 자유롭다.

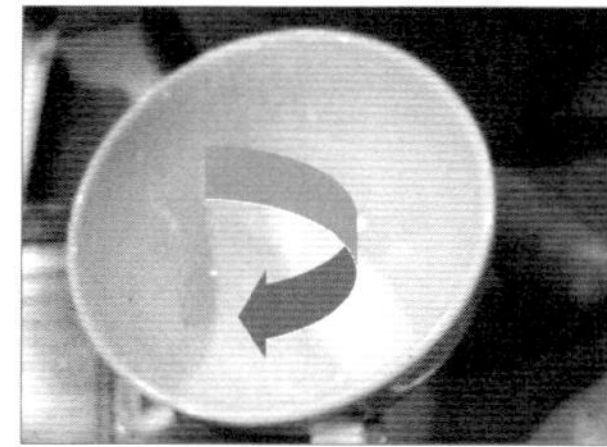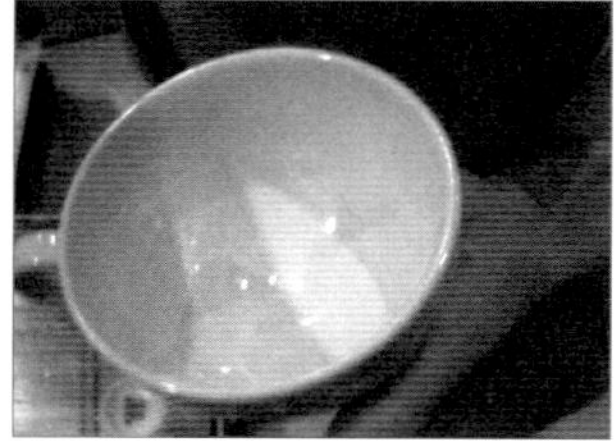

검지를 오므렸다 펴는 동작으로 컵을 돌린다.

6 피처 잡는 방법

라떼아트에 있어 또 중요한 것이 피처를 잡는 방법이다. 몇 가지 잡는 방법과 함께 각각의 장·단점을 설명하려고 한다. 이미 말한 대로 신체 구조(사람에 따라 손의 크기, 힘의 차이)에 맞는 방법을 빨리 찾는 것이 중요하다.

피처 잡는 방법은 다음 네 가지로 나뉜다.

첫 번째는 피처의 손잡이를 옆으로 잡는 방법으로 손과 팔이 반시계 방향으로 90도

틀어져 있다. 이 방법은 피처를 단단히 잡을 수
있어 안정적인 것이 장점이다. 하지만 피처를
자신의 몸쪽에 두고 작업하는 것이 어렵다. 이
렇게 되면 자연히 피처가 움직일 수 있는 범위
가 줄어들고 또 몸쪽에서 떨어져 작업이 이루
어지므로 미묘한 움직임을 요하는 라떼아트에
단점으로 작용한다(이 방법으로 작업하는 일류
바리스타가 일본에 있다).

손목의 상하 운동에 의해 작업이 이루어진다.

두 번째는 첫 번째 방법처럼 손잡이를 잡는 방법으로 손과 팔이 정면을 향한다. 검
지로 손잡이의 윗부분을 누르고 나머지 손가락으로 손잡이를 잡아 이 방법도 안정적
이다. 첫 번째 방법과는 다르게 피처의 움직임에 제한도 없다. 하지만 3단계에서 폼
을 내어 그림을 그릴 때 손목의 각도 조절이 쉽지 않다. 결국은 팔 전체를 움직여 각
도 조절을 해야 하므로 불안정한 상태가 된다는 단점이 있다.

피처와 손의 위치가
일직선이 된다.

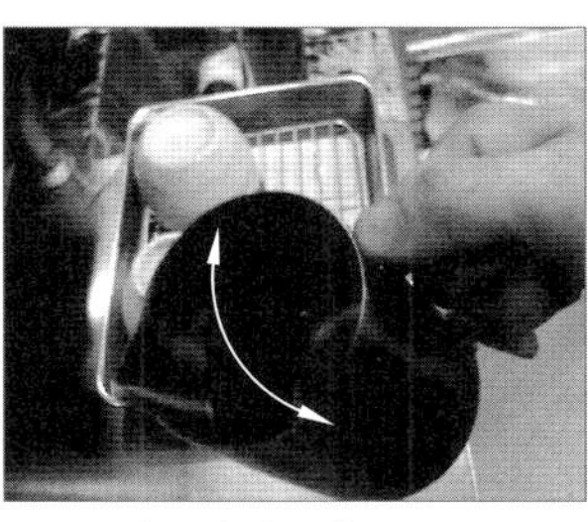

손목의 좌우 운동으로
작업이 이루어진다.

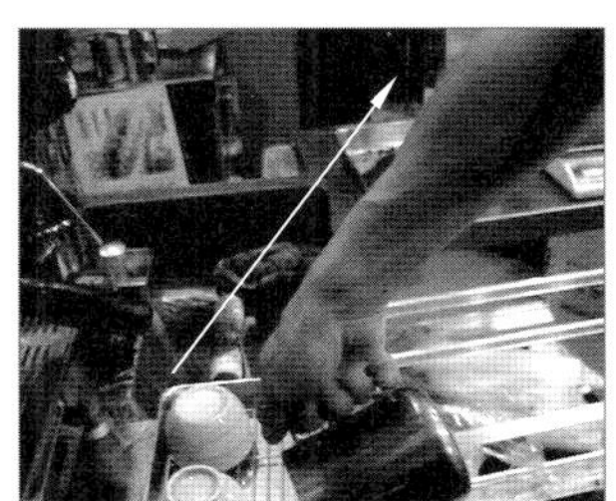

팔 전체의 각도가 급격하게
커져 불안정하다.

세 번째는 위의 두 가지 방법과 조금 다른 형태의 방법이다. 검지와 엄지를 벌려
피처를 지지하고 나머지 손가락으로 손잡이를 잡는 방식이다. 이 방법은 손가락의
관절을 아래위로 자유롭게 움직일 수 있다. 언제든 원하는 때에 폼을 낼 수 있고 피

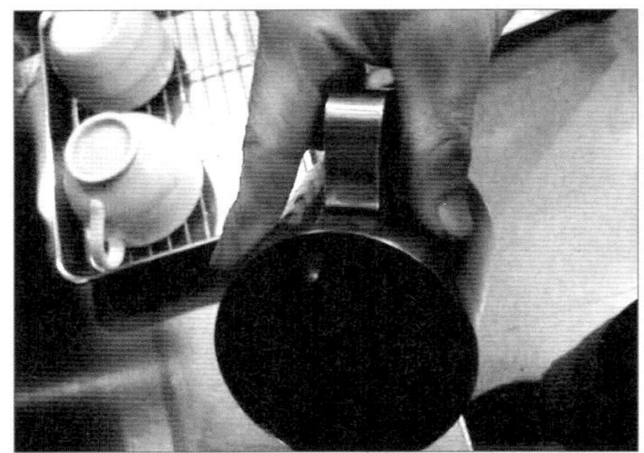
검지, 엄지로 피처를 지지하여 밸런스를 잡는다.

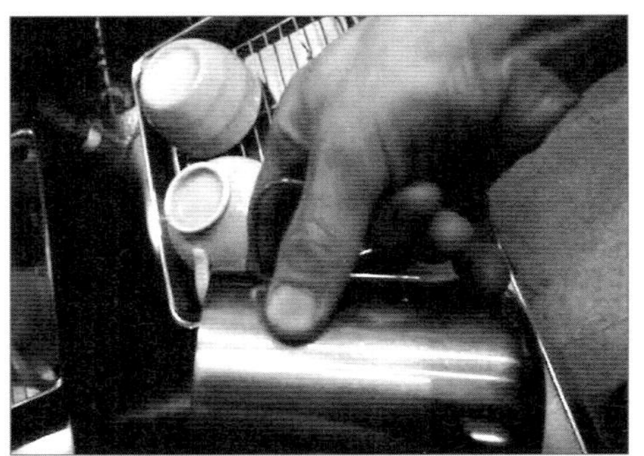
나머지 손가락으로 손잡이를 단단히 고정한다.

처의 움직임에 제약도 없다. 하지만 손목의 스냅으로 그림을 그리는 방식에서는 손잡이를 잡고 있는 세 손가락과 피처를 안정시키기 위해 벌린 엄지와 검지에 힘이 들어가므로 움직임이 부자연스럽고 장시간 작업하면 쉽게 피로를 느끼는 단점이 있다.

마지막은 세 번째 방법과 거의 같다. 마치 연필을 잡듯이 검지, 엄지로 손잡이의 윗부분을 잡는다. 그리고 가운뎃손가락으로 손잡이의 중간 부분을 눌러 고정한다. 이 방법은 세 손가락으로 피처를 잡아 위 세 가지 방법들에 비해 불안정한 것이 가장 큰 단점이다. 따라서 피처가 크거나 사용하는 액체의 양이 많은 경우에는 적당하지 않다. 그리고 익숙해지기까지 시간이 많이 걸린다. 초보자에게는 조금 무리한 방법이다.

연필을 쥐듯 피처를 잡는다.

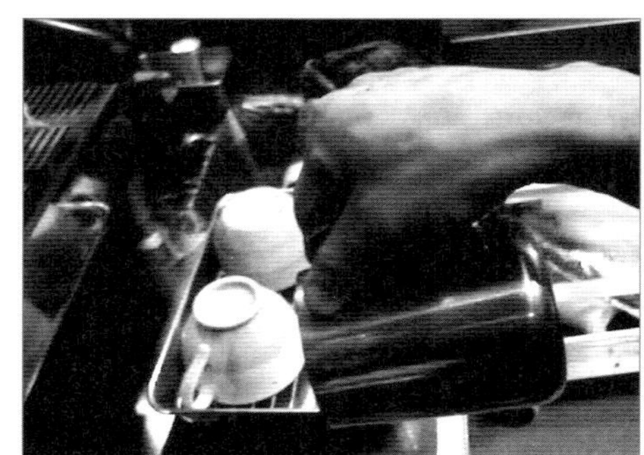
손목의 상하 운동이 자유롭다.

이 방법은 주로 검지, 엄지, 중지의 움직임, 그리고 손목의 스냅까지 십분 활용할 수 있다. 그래서 가장 섬세한 움직임이 가능하고 피처의 움직임 범위에 제한이 없으며 항상 팔이 겨드랑이에 고정되어 있어 자세의 흐트러짐도 없다. 또 피처를 잡는 데 힘이 들어가지 않아 오랜 시간 작업을 할 때 적당하다.

사람에 따라서 성별에 따라서 손의 크기나 힘에 차이가 있어 어느 것이 좋고 나쁘다고 말하기는 어렵다. 위에 설명한 방법들을 나름대로 사용해 보고 자신의 신체 구조에 맞는 가장 편한 방법을 선택하면 된다. 어떤 방법을 선택하더라도 그것의 장단점을 파악하여 장점은 최대한 살리고 단점은 극복하여 자신만의 움직임을 개발하는 것이 중요하다.

7 폼드밀크 따르는 요령

폼드밀크를 따르는 요령은 그리려고 하는 디자인에 다라 크게 두 가지로 나눌 수 있다. 그 중 하나는 잘 알려져 있는 방식으로 폼드밀크를 따라서 장력을 가진 막을 형성하여 그 위에 그림을 그리는 일반 방식이다. 또 다른 방식은 막의 생성 없이 폼을 표면에 올리는 특별 방식이 되겠다.

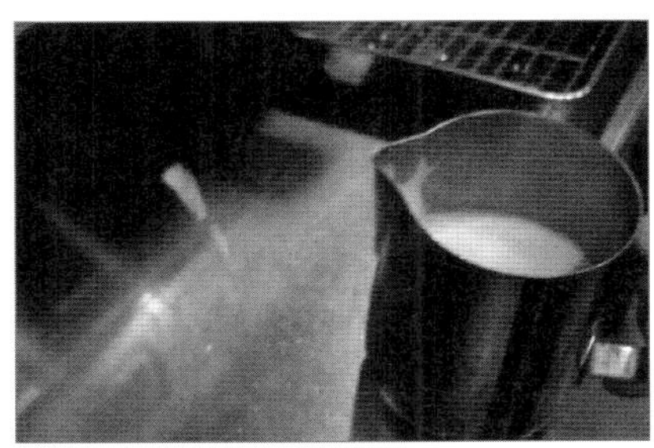

큰 거품을 없애기 위해 테이블에 두드린다.

먼저 폼드밀크를 따르기 전에 테이블에 두세 번 두들겨 거친 거품을 제거한다. 그리고 피처를 손목의 스냅으로 돌려 균일하게 섞어 줌과 함께 폼드밀크에 윤기가 나게 한다.

일반 방식에서 폼드밀크 따르는 요령을 단계별로 나누어 설명하면 다음과 같다.

제1단계는 폼드밀크를 따라서 에스프레소와의 일체감을 형성시키고 그림을 그릴 수 있는 막을 만드는 과정이다. 이미지한 디자인에 따라 조금씩 달라지지만 컵 용량의 약 1/3에서 2/3 정도에 이 작업을 한다. 처음 따르기 시작할 때는 컵의 수면 가까이에서 따르다가 점차 피처를 들어 올린다. 처음부터 높은 곳에서 따르면 그 충격으로 기포가 발생하기 때문이다. 에스프레소와 일체감을 형성하기 위해 어느 정도의 높이(약 5~10cm)를 가질 필요가 있다.

한 지점에서 마지막까지 따르는 것도 가능하며 컵 둘레를 돌아가며 따르는 것도 하나의 방법이다. 한 지점에서 마지막까지 따르느냐, 컵 둘레를 돌아가며 따르느냐에 따라 선명성과 폼의 퍼짐에 차이가 생겨 그림의 맛이 달라진다.

이 단계에서 막을 형성한 폼드밀크와 에스프레소의 크레마가 하나의 색종이 역할을 한다. 간혹 스티밍된 우유에 거품이 적은 경우, 폼드밀크가 균질하게 섞이지 않은 경우, 떨어뜨리는 높이가 너무 낮은 경우 막의 형성이 부적절한 경우가 있다. 이렇게 되면 다음 단계에서 폼을 올려 그림을 그리는 것이 불가능하다. 그림을 그리기 위해서 색종이가 필요하듯이 라떼아트 역시 어느 정도 장력을 가진 종이, 즉 막이 필요하다.

여기서 신경 써야 할 것은 시간이 지나면서 섞여 있던 우유와 거품이 분리된다는 것이다. 따라서 따르는 속도와 양이 부족하지 않아야 한다. 거품은 비중이 낮고 마찰 저항력이 크기 때문에 따르는 양이 적으면 액체만 피처 밖으로 나오는 경우도 있다. 또 반대로 처음부터 많은 양의 거품을 낮은 위치에서 따르면 짧은 시간에 두꺼운 막이 생겨 섬세한 그림을 그리는 데 무리가 생기기도 한다.

스티밍 후 폼드밀크를 균질하게 섞고 가능한 한 빨리 작업에 임해야 한다. 라떼아트를 할 때 하트나 나뭇잎 형상은 약 7~8초가 걸리고 형상이 복잡한 5련 나뭇잎 등은 약 17초 정도가 걸린다. 아무리 시간이 걸린다 하더라도 20초를 넘는 경우는 거의 없다. 20초가 지난 시간이라면 이미 우유의 분리가 일어나 원하는 그림을 그릴 수 없다고 할 수 있다.

　1단계에서 걸리는 시간은 2~4초 정도이다. 이 작업이 원활하게 이루어지지 않으면 그림은 물론 본래의 맛을 낼 수 없다는 것을 명심하자.

　2단계는 1단계에서 만든 막을 확인하고 본격적으로 그림을 그리기 위한 밑바탕 작업을 하는 과정이다. 디자인에 따라 작업 시점이 달라지는데 디자인이 복잡할수록 빨리, 단순할수록 천천히 들어가는 것이 기본이다.

　적당한 막이 형성되었다고 판단되면 그림을 그리기 위한 지점으로 이동하여 피처를 수면에 가능한 한 가까이 가져간다. 동시에 피처를 수면으로 기울여 속도감을 내며 좌우로 살짝 흔들어 준다. 이 작업에서 만약 형성된 막이 너무 얇으면 따르는 폼드밀크에 의해 막이 갈라져 폼드밀크는 원하는 형상을 띠지 못한다.

　이 확인 작업으로 원하는 디자인이 가능한지 알 수 있고 문제가 생겼다면 디자인을 변경할 수도 있다. 예를 들어 막이 두껍게 생성되었다면 폼드밀크를 따르는 속도를 올리고, 양을 많이 하며 높이를 조금 올리는 것이다. 이것은 두꺼운 막을 뚫고 그 막을 통해서 폼드밀크를 퍼뜨리기 위한 방법

1단계 - 막을 형성시킨다.

2단계 - 막의 확인과 밑그림을 그린다.

3단계 - 이미지한 형상을 그린다.

이다. 반대로 막이 너무 얇게 생성되었다면 일단 작업을 멈추고 피처의 내용을 확인해야 한다. 스티밍 자체의 문제라면 처음부터 다시 시작해야 하며, 잘 섞이지 않은 경우라면 다시 균질하게 섞어 빠른 움직임으로 작업에 임해야 한다.

3단계는 1, 2단계에서 막의 생성, 확인이 잘 진행되었다면 본격적으로 그림을 그리는 작업이다. 원하는 디자인에 따라 폼드밀크를 따르는 요령, 컵의 움직임, 손목의 움직임 등이 달라진다.

기본적으로는 제2단계의 그 지점에서 그림을 그려나가기 시작한다.

작업을 시작하기 전에 다음과 같은 것들을 주의해야 한다. 우선 사용할 양을 정확히 파악하고 그 양만을 스티밍하여 사용하는 것이다. 왜냐 하면 양이 너무 많으면 피처의 각도 조절, 손목의 움직임 등 미세한 조절이 불가능하기 때문이다. 그렇다고 너무 적은 양 역시 문제가 된다. 가장 이상적인 양은 필요량의 10~30cc 정도 많은 양이다. 이 과정을 연습하는 사람이라면 조금 많은 양의 우유를 사용하여 좋은 폼드밀크를 만들고 별도의 용기에 여분의 폼드밀크를 나누어 사용하는 것도 좋다.

지금까지 폼드밀크 따르는 요령을 3단계로 나누어 설명했지만, 이는 단지 설명을 위한 구분이다. 실제 전 과정은 일련의 동작으로 이루어지므로 작업 과정에서 동작이 멈추면 컵 안 액체의 유동이 정지되고 다시 유동을 일으키기 위해서 많은 양의 폼드밀크가 필요하게 된다.

다음은 특별 방식으로, 이 방법으로 그릴 수 있는 디자인은 컵 라인을 따라 돌아온 나뭇잎과 나중에 선보일 오리지널 디자인 중 파라다이스(paradise) 정도로 한정되어 있다.

요령은 다음 2단계로 구성된다. 먼저 처음부터 피처와 수면의 간격을 작게 하여 조

1단계 - 피처를 컵에 가까이 하여 폼을 떠오르게 한다.

2단계 - 원하는 그림을 그린다.

금 많은 양의 폼드밀크를 따른다. 이렇게 하면 하얀 폼이 떠오르고 컵 라인을 따라 둥글게 돌아오게 된다. 이 경우도 따르는 각도, 속도, 양, 위치 등 여러 가지 조건에 따라 그 형상이 달라진다.

적당하게 폼이 올라왔으면 즉시 2단계로 넘어간다. 손목을 움직여 나뭇잎, 튤립 등 원하는 디자인을 그리는 것이다.

8 이미지 트레이닝

이미지 트레이닝(image training)이란 어떤 일을 수행함에 있어, 보다 나은 결과를 도출하기 위해 마음속으로 원하는 장면과 과정들을 실현시키고 있는 자신의 모습을 이미지화하는 연습법이다.

우리는 많은 스포츠 선수들이 이미지 트레이닝을 하나의 훈련법으로서 많이 활용하고 있다는 사실을 알고 있다.

이 이미지 트레이닝을 라떼아트에 사용하면 어떨까? 과연 효과는 있을까? 물론이다. 무엇보다 아직 피처와 컵이 손에 익지 않은 사람들에게 적극 추천하는 아주 효과적인 방법이다. 그래서 개인적으로 연습했던 이미지 트레이닝의 두 가지 형태를 소개하려 한다.

우선 첫 번째는 물을 사용하는 것이다. 피처에 물을 담고 컵에 따르며 그 컵 안의 물이 에스프레소, 폼드밀크라고 상상하며 몇 번이고 되풀이한다. 이렇게 하면 피처, 컵 그리고 자세의 기본틀을 보다 빨리 형성할 수가 있다. 주로 초보자들에게 유용하다.

두 번째는 아무것도 사용하지 않고 그저 한손에는 피처, 다른 한손에는 컵을 들었다고 상상한다. 그리고 자신이 현재 연습하고 있는 디자인, 고안 중인 새로운 형태의 디자인을 그려 나간다. 이 방법은 스티밍과 라떼아트에 어느 정도 경험이 있는 이들에게 그 가치가 높다. 폼드밀크가 따라지는 컵 안 액체의 흐름, 하얀 폼이 그려내는 모양을 상상하고 실현시키며 기본형을 찾을 수 있게 된다.

한 예로, 첫 번째 '나뭇잎'의 이미지 트레이닝을 소개한다.

※ 원래는 물을 사용하지만 사진을 찍기 위해 우유를 조금 더했다.

01 에스프레소에 폼드밀크를 일정한 높이로 따른다.
02 60~70% 정도가 되면 피처를 가까이하여 폼을 낼 준비를 한다.
03 피처를 컵의 바깥쪽으로 이동하여 흔든다.
04 흔들며 백(back)한다.
05 나뭇잎 형상이 만들어지면 중간을 끊어 완성한다.

에스프레소의 추출에 있어 시간은 아주 중요하다. 추출 시간의 차이는, 곧 맛의 차이를 의미하기 때문이다. 그래서 추출 시 시간을 확인하는 것이 바리스타의 기본 작업이 된다. 도든 바리스타들이 그런 것은 아니지만, 시간 확인을 위해 손목시계를 많이 사용한다.

이 손목시계에는 초침이 있을 것, 가능하면 클 것, 또 각 개인의 개성을 나타낼 수 있는 디자인이 고려된 것이라는 기본적인 조건이 있다. 우선 시간 확인을 쉽고 빠르게 하기 위함과 각 개인의 특성화, 차별화를 위한 하나의 도구로 사용되고 있는 것이다.

한번 생각해 보자. 음식을 다루는 사람이 조리 시간을 확인하기 위해 그리고 멋지게 보이기 위해 시계를 차고 있다고 말이다.

작업자의 시야에서 벗어나지 않는 위치에 시계를 놓아둔다.

많은 사람들이 단순히 생각하는 것처럼 바리스타의 업무는 단지 에스프레소 추출, 스티밍, 음료 제공에만 한하는 것이 아니다. 때로는 서빙, 설거지, 청소 등 카페의 모든 업무를 소화해내야 한다. 따라서 손목에 차고 있는 시계는 위생상 문제를 일으킬 위험성을 항상 내포하고 있다. 또 시간을 확인하는 것이 기본 목적임에도 불구하고, 시간을 측정하기 위해 시선과 자세가 고정된다. 결국 움직임에 제한이 생기고 짧은 시간이지만 시간을 낭비하게 된다.

일반적으로 카페에서는 고객이 시간을 잊고 여유를 즐길 수 있길 바라는 마음으로 시계를 두지 않는다. 그러면 에스프레소를 추출함에 있어 중요한 시간 측정을 어떻게 하면 위생적이고 효율적으로 할 수 있을까? 그것은 바로 작업자의 시야에서 벗어나지 않는 위치, 작업에 방해가 되지 않는 위치에 시계를 두는 것이다. 바리스타에 있어 최고의 액세서리로 알려진 시계를 고객을 위해 벗어낼 필요가 있지 않을까 한다.

4 라떼아트하는 방법
How to Do Latte Art

1 라떼아트에 들어가기 전에

라떼아트에 관한 책에는 예쁘고 섬세한 사진들이 실려 있다. 하지만 실제로 책 속의 작품을 따라해 보면 생각처럼 완성된 그림이 나오지 않는다. 그것은 실력 차이일 수도 있지만 여러 가지 조건이 책 속에 나온 작품의 조건과 다르기 때문일 수도 있다. 즉 작업에 사용되는 머신, 피처, 컵, 샷 수, 우유 등의 조건이 다르면 작업의 난이도나 그에 따른 광법에 차이가 생길 수 있다. 샷 수가 싱글인지 더블인지에 따라서도 완성도, 선명도, 난이도가 다르다. 싱글보다 더블을 사용하는 경우 선명도가 좋은데, 그것은 크레마의 층이 두껍고, 폼드밀크와의 섞임이 있다고 해도 크레마의 색이 살기 때문이다.

이 책을 보고 연습을 하는 사람들에게 하나의 모델을 제시하기 위해 개인적으로 사용한 조건을 정확하게 밝혀 두려고 한다. 또 나의 개인적인 조건을 기준으로 두고, 각자 다른 조건으로 만든 디자인과 비교해도 좋을 것이다.

- **머신** : 라마르조꼬 리네아 – 2 오토(La Marzocco Linea-2 Auto)

- **피처** : rw 20oz(600cc)

- **컵**　 : 직경 9.2cm, 깊이 5.9cm, 용량 약 230cc 밑면이 둥근 형상

　　　 직경 9.0cm, 깊이 5.5cm, 용량 약 230cc 밑면이 편평한 형상

- **샷 수** : 1 샷

- **원두량** : 16g (1 샷 두 잔분)

- **우유** : 지방 성분 3.6% 70g + 얼음물 280g(2 잔분)

- **사용 원두** : 브라질 산토스 No.2 오리지널 로스트(풀시티) 외
　　　 3~4종★

> ★ 생두 1kg당 약 900~1000엔 결점두 배전 시의 질량 감소를 고려하면 kg당 1200~1400엔 정도가 된다.

　사용하는 컵 밑면의 형상에 따라 유동이 달라진다. 둥근 형상의 경우는 따른 액체가 컵 형상을 타고 규칙적인 대류, 섞임, 퍼짐을 가진다. 따라서 작업을 하면서 컵 안의 상태가 예측 가능하다. 이에 반해 밑면이 편평한 형상의 경우는 대류가 불규칙적인데, 가운데 부분에 두꺼운 막이 형성된 후 시간과 함께 전체적인 균형감을 지니게 된다. 이렇게 되면 그림이 찌그러지는 경우도 생긴다.

　그리고 컵의 직경이 클수록 그림을 그리기 쉽다. 라떼아트는 스티밍된 폼드밀크를 생성된 막에 올리는 것이므로 컵의 직경이 크다는 것은 피처와 컵 안의 막과의 거리가 좁다는 것을 의미한다. 그래서 직경이 작은 컵에 비해 그림을 그리는 시간이 짧아지고, 그만큼 그림을 그릴 수 있는 공간을 확보하게 되는 것이다.

　샷 수는 항상 1 샷으로 했다. 나는 약 240cc의 라떼에는 싱글이 적당하다고 생각한다. 연습할 때는 항상 에스프레소를 마시는 편이지만, 라떼는 폼드밀크의 달콤함 뒤에 올라오는 에스프레소의 맛이 이상적이다. 하지만 더블을 사용하면 이와는 달리 에스프레소의 맛 다음에 폼드밀크의 달콤함이 느껴져 진정한 라떼의 맛을 볼 수 없다고 생각한다.

스티밍에 사용한 우유는 시판되는 것 중에서 가격이 저렴한 지방 성분 3.6% 우유 (성분 무조정)에 얼음물을 더해서 사용했다. 우유만 사용하는 경우에 비해 확실히 질감이 다르지만 우유를 낭비할 수는 없었다.

우유는 제조사에 따라 질감은 물론 맛 역시 차이를 보이는데 자신의 이미지에 맞는 것을 선택하는 것이 좋다. 스티밍해서 반으로 나누어 두 컵 연습했다. 나눌 때에도 요령이 있다. 처음부터 끝까지 적은 양으로 따르면 피처에 더 많은 폼이 남는다. 따라서 처음에는 양을 적게 따르다가 컵에 반쯤 차

면 양을 많이 따른다. 이렇게 하면 피처와 컵에 따른 폼이 거의 같게 된다.

지금부터 실제로 라떼아트를 만들어 보자. 디자인의 기본 형상에 따라 하트 스타일, 나뭇잎 스타일, 튤립 스타일, 소용돌이 스타일로 나누어 설명하려고 한다. 또 종이컵과 데미타스를 사용하여 컵의 크기나 형상에 따라 어디까지 그리는 것이 가능한지를 보여 주고 마지막에 에칭의 방법도 간단히 소개할 것이다.

2 하트 스타일 (Heart Style)

라떼아트라고 하면 제일 먼저 머리에 떠오르는 형상이 하트 스타일일 것이다. 하트를 그리는 것은 다른 것들에 비해 간단하지만 이 형상이 지니는 메시지는 어떤 디자인보다 강렬하다. 라떼아트에 한발을 내딛을 때도 하트 스타일부터 시작하게 된다. 하트 스타일도 크기와 형상을 변형하면 여러 가지 응용 디자인이 가능하다.

지금부터 다음 7가지의 하트 스타일을 만드는 방법을 하나씩 살펴보도록 하자.

7가지 **하트** 스타일

작은 하트

큰 하트

나뭇잎 모양 하트

두 개의 하트 A

두 개의 하트 B

두 개의 하트 C

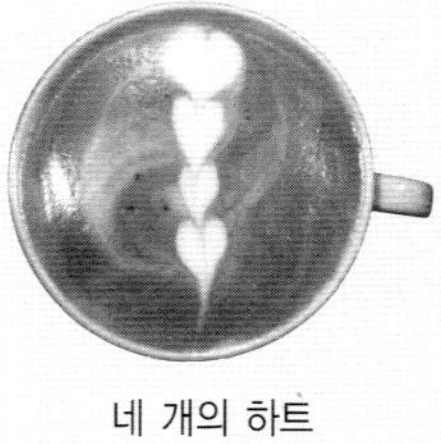

네 개의 하트

(1) 작은 하트 Small Heart

컵의 한가운데 올려진 작은 하트는 의외로 귀엽게
느껴진다. 특별한 방법이나 기술은 필요없다. 적당히
스티밍된 폼드밀크를 양이 찰 때까지 컵에 그대로 붓
는다. 마지막에 피처를 수면과 가까이 하여 작은 원형
의 폼을 띄우고 피처를 들어 올리면서 앞으로 전진한다.

| 만드는 법 |

난이도　8초

01 처음 폼드밀크를 부을 때 컵과 어느 정도 높이를 주어 폼과 에스프레소가 섞이게 한다 (1단계).

02 피처로 컵 테두리를 돌아가며 폼드밀크를 부어 에스프레소와 폼드밀크가 섞이도록 한다.

03 컵의 80% 정도에서 1단계를 끝내고, 피처를 수면과 가까이 해서 폼이 올라오게 한다 (2단계).

04 그대로 폼을 올려 기본형을 만든다.

05 폼드밀크의 중량에 의해 형성된 틀이 밑으로 빨려 들어간다. 이렇게 해서 크기를 조절한다.

06 완성

(2) 큰 하트 Big Heart

하트를 크게 그린 것이다. 이번에는 라떼아트를 그리는 3단계 순서를 그대로 따라가며 작업했다. 우선 폼드 밀크를 컵의 한가운데에 따르고 컵에 70% 정도 양이 차면 컵의 안쪽으로 피처를 옮기고 수면과 가까이한다.

손목을 좌우로 가볍게 흔들어 폼이 원하는 크기가 되면, 바깥쪽을 향해 피처를 이동하며 들어 올리면서 끊어 형태를 완성한다.

| 만드는 법 |

난이도 10초

01 처음에는 컵과 어느 정도의 높이를 가지며 폼드밀크를 따른다 (1단계).

02 컵 테두리를 돌아가며 1단계를 마친다.

03 컵의 70% 정도가 차면 피처를 컵에 가까이 하여 폼이 올라오게 한다 (2단계).

04 '작은 하트'와는 다르게 손목을 좌우로 흔들어 폼이 퍼지도록 한다.

05 어느 정도 폼이 퍼져 원하는 크기가 되면 피처를 앞으로 이동하며 끊어 준다.

06 완성

(3) 나뭇잎 모양 하트 Heart of Leaf Style

나뭇잎 모양 하트는 기술을 필요로 한다. 하트의 외곽을 두 손으로 떠받치고 있는 것처럼 보인다.

3단계의 순서가 있는데, 이 디자인은 1단계를 조금 짧게 가진다. 그렇지 않으면 두터운 막이 형성되어 폼이 가늘게 돌아오지 않는다. 1단계를 빠른 시간에 끝내고 피처를 컵의 중간 지점에서 손목의 스냅을 이용하여 가늘게 흔들어 준다. 이 과정에서 폼이 양측으로 나뉘어 돌아온다. 그리고 피처를 컵의 바깥쪽으로 조금 이동하며 하트의 형상을 만든다. 이동에 의해 돌아나온 형상이 완성되면 앞으로 전진하며 가운데를 끊어 준다.

| 만드는 법 |

난이도　8초

※ 3단계에서 뒤로 물러나는 시간, 거리에 따라서 완성된 그림이 달라진다.

01 막을 형성한다 (1단계).
02 컵의 60~70% 정도에서 밑바탕 작업을 한다 (2단계).
03 두터운 닥이 형성되기 전에 유동을 일으켜 폼이 양쪽으로 돌아오게 한다.
04 나뭇잎처럼 후진, 하트의 형상을 만들 때는 전진하며 형상을 만든다.
05 완성

(4) 두 개의 하트 A Double Heart A

피처의 사용법, 따르는 양의 조정, 그림의 균형감을
필요로 하는 디자인이다. 하트라는 형상 자체가 많은
폼드밀크를 사용하는 것은 아니기 때문에 1단계를 컵의
70~80% 정도에서 수행하는 것이 보통이다. 1단계가 끝
났다면 첫 번째 하트를 그리기 위해 몸쪽으로 피처를 이동한
다. 그리고 손목을 이용하여 조금 크게 하트를 그린다. 두 번째 하트를 그릴 때 따르는
액체의 중량에 의해 크기가 작아지기 때문이다. 두 번째 하트를 그리는 지점으로 점프
하듯이 이동하면 첫 번째 그린 하트에 큰 영향을 미치지 않는다.

| 만드는 법 |

난이도   10초

01 막을 형성한다 (1단계).

02 컵의 70~80% 정도에서 1단계가 끝났으면 몸쪽으로 피처를 이동시켜 밑바탕 작업을 한다 (2단계).

03 첫 번째 하트를 그린다. 이때 크기를 머릿속에 계산해야 한다.

04 두 번째 하트를 그리는 위치로 점프하듯이 이동한다.

05 두 번째 하트 형상이 그려졌으면 한가운데를 끊어 준다.

06 완성

(5) 두 개의 하트 B Double Heart B

'두 개의 하트 A' 처럼 두 개의 하트를 그린 것이지만 위치의 구성이 다르다. 하트가 가능하다고 해서 이 형상을 그릴 수 있다고 말할 수는 없다. 이 그림이 어려운 것은 두 번째 하트를 그릴 때 첫 번째 그린 하트의 형상이 찌그러질 수 있기 때문이다. 또 첫 번째 하트를 완성함과 동시에 막이 두껍게 형성되어 두 번째 하트를 그릴 때 크기에 제한이 따른다. 따라서 이 그림에는 적절한 스티밍은 물론 먼저 그려진 하트가 영향을 받지 않게 막을 형성하는 기술이 필요하다.

| 만드는 법 |

난이도 10초

01 처음 폼드밀크를 부을 때 컵과 어느 정도 높이를 주어 폼과 에스프레소가 하나가 되게 한다(1단계).
02 약 80% 정도에서 1단계를 마치고 피처를 수면에 가까이 하여 폼이 나게 한다(2단계).
03 첫 번째 하트의 형상을 만든다.
04 반대쪽으로 이동, 두 번째 하트의 위치를 잡는다.
05 첫 번째, 두 번째 하트의 크기에 따라 그 맛이 달라진다.
06 완성

(6) 두 개의 하트 C Double Heart C

　이 디자인의 열쇠는 컵을 잡는 방식에 있다. 지금까지 디자인에 사용된 컵을 잡는 방식으로는 조금 무리가 있다. 손가락 위에 컵을 올려두는 방식으로 컵을 잡고 두 번째 하트를 그리는 것에 맞춰 회전시켜야 한다.

　사진의 오른쪽 하트(실제는 왼쪽)를 먼저 그린 다음, 피처를 잡고 있는 오른손을 반시계 방향으로 이동시켜 왼손의 검지를 밀어내고 손목을 틀어 두 번째 하트를 그릴 위치를 잡는다. 피처가 몸의 전후가 아닌 좌우로 움직일 수도 있는데 연습으로 극복할 수 있다.

| 만드는 법 |

난이도　13초

01 디자인에 따라 컵을 잡는 방식이 달라진다.

02 검지의 위치와 형태를 주의 깊게 살펴보자. 밑바탕 작업을 하는 중이다 (2단계).

03 굽힌 검지를 펴는 움직임으로 컵을 돌린다.

04 손목을 완전히 틀어 오른손의 움직임을 쉽게 할 수 있는 위치를 만든다.

05 02 사진과 비교하면 컵은 물론 피처의 각도가 달라진 것을 알 수 있다.

06 완성

(7) 네 개의 하트 Four Heart

컵의 끝에서 끝까지 4개의 하트를 올렸다. 이 디자인
은 앞에서 설명한 '두 개의 하트 A'에 비해 상당히 어
렵다. 같은 형태의 하트를 3개 올리는 것부터 연습해서
단계적으로 도전하는 것이 쉬울 수도 있다.

이 디자인은 표면에 올라와 있는 폼의 양이 적다. 이것은 1, 2
단계의 시간을 조금 길게 잡아도 된다는 의미이다. 적은 양의 폼을 올리고 그것을 그
대로 유지하기 위해서는 어느 정도 두께를 가진 막이 필요하다. 이렇게 되면 자연히
피처와 컵의 간격을 줄일 수 있어 원하는 지점에 원하는 만큼의 폼을 올릴 수 있다.

| 만드는 법 |

난이도 ★★★ 10초

01 사진처럼 컵의 70~80% 정도까지 안정된 막을 형성시킨다.
02 피처를 몸쪽으로 이동하여 하트 그릴 준비를 한다.
03 점프하듯 피처를 위로 들었다가 내리듯 다음 위치로 이동한다.
04 같은 방식으로 3~4번째 하트를 그린다.
05 작업 시간은 '두 개의 하트 A'와 같은 10초. 주저함이 없는 빠른 손놀림이 필요하다.
06 완성

3 나뭇잎 스타일(Leaf Style)

　　라떼아트의 대표적인 디자인이 나뭇잎 스타일이다. 하트와는 다르게 손목의 스냅이 필요하다. 따라서 하트가 가능하다고 해서 나뭇잎 디자인이 가능하다고 말할 수는 없다. 하트는 밸런스가 무너지면 가치가 없어지지만, 나뭇잎은 형상이 찌그러져도 나름대로 멋이 있고 실패라는 것이 없어 다른 디자인에 비해 마음 편히 그릴 수 있다.

12가지 **나뭇잎** 스타일

나뭇잎 A	 나뭇잎 B	 두 개의 나뭇잎 A	 두 개의 나뭇잎 B
 두 개의 나뭇잎 C	 두 개의 나뭇잎 D	 두 개의 나뭇잎 E	 세 개의 나뭇잎 A
 세 개의 나뭇잎 B	 네 개의 나뭇잎 A	 네 개의 나뭇잎 B	 다섯 개의 나뭇잎

(1) 나뭇잎 A Leaf A

나뭇잎의 전형적인 형태이다. 컵의 약 70% 정도에서 1, 2단계를 마친다. 한 지점에서만 폼드밀크를 따르는 것과 컵 전체를 돌아가며 따르는 경우 폼이 퍼지는 속도에 따른 각의 형성 시간, 선명도에 차이가 난다.

피처를 컵의 바깥쪽으로 이동하여 테두리의 약 1~1.5cm 지점에서 좌우로 움직여 폼을 올려가며 후진한 다음 끊어 준다. 액체의 유동과 막이 생성되는 과정을 유심히 관찰할 수 있는 기회로 다른 디자인에 응용이 가능하다.

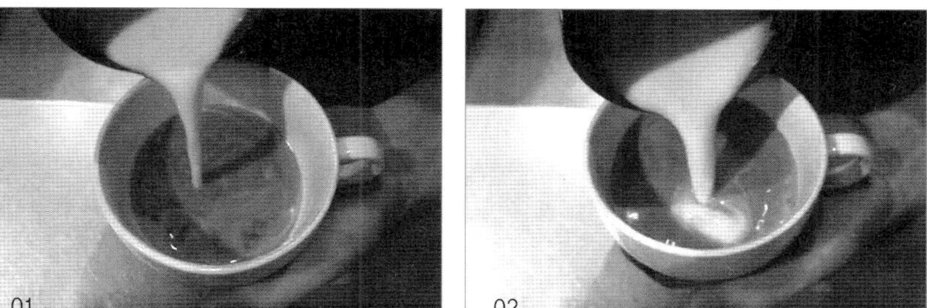

| 만드는 법 |

난이도   10초

01 나뭇잎은 1, 2, 3단계를 그대로 따라가며 그리는 라떼아트의 전형적인 스타일이다.
02 컵의 70% 정도에서 피처의 위치에 주의하며 밑바탕 작업을 마친다 (2단계).
03 손목의 스냅을 이용하여 형상을 만들며 후진한다.
04 완성

(2) 나뭇잎 B Leaf B

특별 방식이 이용된다. 특별 방식이라 하더라도 각 디자인마다 그 적용 형태는 달리 할 수 있다. 이 디자인 역시 처음부터 피처를 낮게 위치시켜 컵의 형상을 타고 폼이 들어오게 하는 방법①과 처음부터 피처를 좌우로 흔들어 유동과 함께 서서히 폼드밀크를 올리는 방법②이 있다.

| 만드는 법 |

특별방식　난이도　8초

01	02	03
01′	02′	03′

01 피처의 높이를 조금 낮게 해서 몸쪽에서 바깥쪽으로 폼을 밀고 가듯이 움직인다.

02 폼이 올라오면 '나뭇잎 A'를 그리는 방식 그대로 후진한다. ①

03 방식의 차이에 따라 형성되는 그림이 달라진다.

01′ 처음부터 피처를 흔들어 양쪽으로 폼이 돌아오게 한다. 이때 피처를 조금 낮게 위치시킨다.

02′ '나뭇잎 A'와 같은 방식으로 형상을 만들고 끊어 준다. ②

03′ 완성

(3) 두 개의 나뭇잎 A Double Leaf A

라떼아트의 많은 디자인 중에서 가장 품위 있고 고상한 디자인으로 양의 조절이란 과제를 요한다. 양의 조절을 위해 1, 2단계를 빨리 마친다. 그 요령으로 처음에 조금 많은 양의 폼을 낮은 위치에서 따라 막을 형성시키고, 반대쪽에서 유동을 일으켜 하나의 지지대로 이용하는 것이다.

| 만드는 법 |

난이도 12초

01 컵을 잡는 방법이 하나의 열쇠가 된다.

02 반시계 방향으로 유동을 일으킨다.

03 일으킨 우동의 에너지를 발판으로 왼쪽 나뭇잎을 그린다.

04 위 사진과 비교하면 손목 위치가 달라진 것을 알 수 있다. 오른손의 움직임을 돕는다.

05 이번에는 반대로 검지로 컵을 당기며 피처의 움직임과 조화를 이룬다.

06 완성

(4) 두 개의 나뭇잎 B Double Leaf B

　라떼아트의 많은 디자인은 일본의 사와다 (Hiroshi Sawada) 씨의 「프리푸어 라떼아트 (Free Pour Latte Art)」라는 책에 실린 것을 모방했다. 이 디자인 역시 그 중 하나로서 튼튼한 막의 형성이 하나의 열쇠가 된다. 나뭇잎을 그리면서 피처의 움직임의 제어와 두 번째 나뭇잎을 그림과 함께 처음에 그린 나뭇잎이 밀려지는 것까지 계산해 두어야 한다.

| 만드는 법 |

프리푸어 라떼아트 참조　　난이도　　15초

01 스티밍 후 피처를 돌려 폼드밀크가 균질하게 섞이면 망설이지 말고 작업에 들어간다 (1단계).

02 컵의 60% 정도에서 밑바탕 작업을 마친다 (2단계).

03 막이 형성되지 않으면 사진처럼 폭이 좁은 나뭇잎이 그려지지 않는다.

04 검지를 끌어당기는 형태로 두 번째 나뭇잎의 위치를 잡는다.

05 03 사진과 비교하면 컵의 회전과 피처 각도 변화를 알 수 있다.

06 완성

(5) 두 개의 나뭇잎 C Double Leaf C

　컵 중앙을 기준으로 정반대로 놓인 두 개의 나뭇잎
이다. 실력을 한 단계 업그레이드할 수 있는 디자인
이라고 할 수 있다. 손가락을 이용하여 컵을 회전시
키고 반대쪽 나뭇잎을 밸런스를 잡아 그리는 것이 생각
만큼 쉽지 않다.

　디자인을 할 때 컵을 잡는 방법이 기술적으로 매우 중요하다. 컵의 회전을 쉽게 하
려면 손잡이를 검지 바깥으로 한다. 디자인이나 사용하는 컵의 형상에 따라 막의 형성
이 달라지므로 세세한 부분은 직접 경험하여 깨닫는 것이 중요하다.

| 만드는 법 |

 프리푸어 라떼아트 참조　 난이도　11초

01 컵의 회전을 위한 손가락 위치에 주의한다 (1단계).

02 컵의 60~70% 정도에서 막을 형성하고 밑바탕 작업을 한다 (2단계).

03 속도, 양, 이동거리 등 손목 움직임에 제어가 필요하다.

04 손가락을 밀며 손목을 틀어 위치를 잡는다. 동시에 피처도 바깥쪽으로 이동시킨다.

05 두 번째 나뭇잎을 그릴 때는 손목이 완전히 틀어진다.

06 완성

(6) 두 개의 나뭇잎 D Double Leaf D

컵 테두리를 따라 놓여진 두 개의 나뭇잎을 디자인하는 요령은 두 가지이다. 하나는 앞에서 설명한 '두 개의 나뭇잎 A' 처럼 처음에 그릴 나뭇잎의 반대쪽에서 유동을 일으켜서 원하는 지점에서 그림을 시작하고, 폼을 퍼지지 않게 하여 두 번째 그릴 나뭇잎의 공간을 확보하는 것이다. 두 번째 요령은 컵을 잡은 왼손의 움직임에 있다. 폼을 올릴 때는 피처가 움직이는 반대 방향으로 움직이고, 끊어 줄 때는 피처가 움직이는 방향으로 움직인다. 왼손의 움직임 없이 피처의 움직임만으로는 좀처럼 이 형상을 완성하기 어렵다.

| 만드는 법 |

프리푸어 라떼아트 참조　난이도　14초

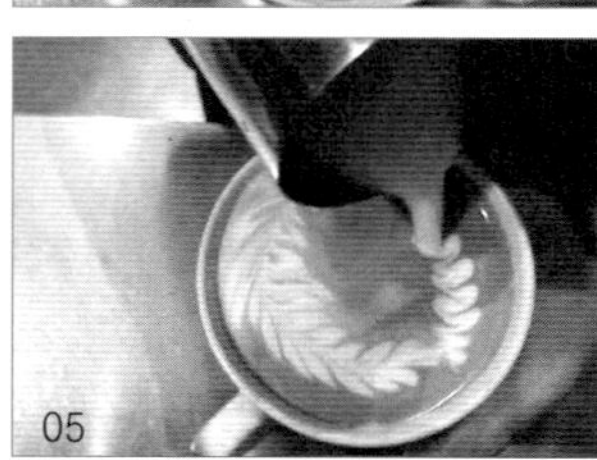

01 '두개의 나뭇잎 A' 처럼 반대쪽의 유동을 이용한다. 컵의 70% 정도에서 밑바탕 작업을 마친다 (2단계).
02 피처의 움직임에 맞춰 왼손의 검지를 펴고 있어야 함에 주의한다.
03 사진처럼 끊어 줌과 동시에 컵을 회전시킨다. 두 번째 나뭇잎을 그리기 위해 피처의 위치를 잡는다.
04 두 번째 나뭇잎을 그리기 시작하면 검지를 오므린다. 피처의 움직임에 맞춰 펼 준비를 해두는 것이다.
05 04의 사진과 비교해 보면 검지가 펴져 있는 것이 보인다.
06 완성

(7) 두 개의 나뭇잎 E Double Leaf E

야구공처럼 생긴 이 디자인은 야구공(base ball)이
라는 이름이 붙여져 있다. 두 개의 나뭇잎이 컵 테두
리 반대쪽으로 굽어 그리는 것과 두 개 나뭇잎의 밸런
스를 잡는 것이 생각보다 어렵다. 요령이라고 하면 모
양을 만들 때 대류에 의한 영향을 줄이기 위해 조금 많은
폼드밀크를 만들고 두터운 막을 형성하여 폼을 올리는 것이다. 이 디자인은 '두 개의
나뭇잎 D' 와 마찬가지로 왼손의 움직임이 중요하다.

| 만드는 법 |

프리푸어 라떼아트 참조   난이도   12초

01 이 디자인이야말로 힘을 가진 막이 필요하다 (1단계).

02 피처의 각도, 손가락의 형상, 컵의 움직임 등을 사진 03과 비교해 본다 (2단계).

03 피처의 움직임에 맞춰 검지를 당겨 준다.

04 밸런스가 적당한 지점에서 두 번째 나뭇잎을 그린다.

05 첫 번째 나뭇잎과 반대로 움직인다. 손목을 안쪽으로 꺾고, 팔목도 손목 움직임에 맞춘다.

06 완성

(8) 세 개의 나뭇잎 A Triple Leaf A

두 개의 나뭇잎 한가운데에 또 하나의 나뭇잎을 올린 디자인이다. 두 개의 나뭇잎을 그릴 수 있다면 별 무리 없이 그릴 수 있다. 처음에 그리려는 반대쪽에서 유동을 일으키는 것은 같다. 단 양 조절에 주의하며 작업을 해야 한다.

가운데 나뭇잎을 먼저 그리고 양쪽 형상을 그리는 방법도 있다. 이렇게 순서를 달리하는 것만으로도 난이도나 그려지는 모양이 달라지므로 각자 시험해 볼 수 있기를 바란다.

| 만드는 법 |

난이도 14초

01 '두 개의 나뭇잎 A'와 같은 요령이다. 반대쪽의 유동을 일으켜 하나의 버팀목으로 한다 (1단계).

02 양 조절을 위해 조금 빨리 밑바탕 작업을 시작한다 (2단계).

03 손목의 움직임으로 그림을 쉽게 그릴 수 있다. 어떤 형상이든 왼손의 움직임 없이는 작업이 어렵다.

04 검지를 당겨서 반대쪽 나뭇잎의 위치를 잡는다.

05 한가운데 또 하나의 나뭇잎을 그린다.

06 완성

(9) 세 개의 나뭇잎 B Triple Leaf B

'세 개의 나뭇잎 A' 보다는 조금 쉽게 작업할 수 있다. 처음에 그리는 큰 나뭇잎에 따라서 전체적인 느낌이 달라진다. 나뭇잎의 폭을 넓게 해도 좋고 사진처럼 좁게 해도 좋다. 주의해야 할 것은 한 지점에서 폼드밀크를 따라 1, 2단계를 끝내야 한다는 것이다. 컵 테두리 전체를 돌며 1, 2단계를 끝내면 그림이 선명하지 않다. 나중에 그리는 두 개의 나뭇잎 자리를 확보하며 선명도를 유지해야 한다.

| 만드는 법 |

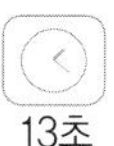
난이도   13초

01 '나뭇잎 B'의 특별 방식과 같다. 폼드밀크를 한 지점에 부어 표면의 선명성을 확보한다 (1단계).

02 일정량이 차면 피처를 좌우로 흔들어 나뭇잎을 그린다 (2단계).

03 가운데 나뭇잎에 의해 전체적인 이미지가 달라진다.

04 어느 쪽이 먼저든 상관없다. 두 번째 나뭇잎을 그린다.

05 이 세 개의 나뭇잎은 컵의 움직임이 필요하지 않다.

06 완성

(10) 네 개의 나뭇잎 A Four Leaf A

앞에서 설명한 '세 개의 나뭇잎 B'에 또 하나의 나뭇
잎을 더한 형상이다. 하지만 '세 개의 나뭇잎 B'보다
훨씬 어렵다. 큰 나뭇잎 밑에 작은 나뭇잎을 그리기 위
해서 큰 나뭇잎을 그릴 때 거품이 별로 남지 않게 해야 하
므로 '세 개의 나뭇잎'을 그릴 때처럼 폼드밀크를 한 지점에
따르다가 조금 빠른 시점에 컵의 바깥쪽으로 이동하여 2단계를 실시한다. 그리고 폼이
올라오기 전에 뒤쪽으로 나뭇잎을 그린다. 이렇게 함으로써 나중에 그릴 나뭇잎 공간을
만들 수 있다. 나뭇잎에는 많은 양의 폼드밀크가 사용되므로 양 조절에 주의한다.

| 만드는 법 |

프리푸어 라떼아트 참조   난이도   12초

01 '세 개의 나뭇잎 B'처럼 한 지점에 폼드밀크를 따른다. 폼이 올라오기 전에 피처를 흔들며 후진한다.
02 안쪽에 비해 바깥쪽에 옅은 폼이 올라온 것이 보인다.
03 큰 나뭇잎을 완성함과 동시에 작은 나뭇잎을 그리기 시작한다.
04 두 번째 나뭇잎이 컵 바깥쪽에 위치하므로 기울인 컵을 그대로 하여 피처와 컵의 간격을 유지한다.
05 좌우에 있는 나뭇잎을 재빨리 그린다.
06 완성

(11) 네 개의 나뭇잎 B Four Leaf B

컵 중앙을 중심으로 90도 간격으로 놓여진 4개의 나뭇잎 형상이다. 복잡한 디자인일수록 양과 시간, 균형이 디자인의 성패를 좌우한다. 이 디자인이 바로 대표적인 예라고 할 수 있다.

사진처럼 컵 손잡이를 검지 바깥으로 하고 하나의 나뭇잎을 그리는 것과 동시에 90도씩 돌려 준다. 마지막 나뭇잎의 경우에는 왼손 손목을 완전히 꺾어 피처를 잡고 있는 오른손을 반시계 방향으로 움직여 그린다. 이렇게 함으로써 시간을 절약할 수 있고 컵 가득히 찬 액체를 쏟지 않고 작업을 마무리할 수 있다.

| 만드는 법 |

 프리푸어 라떼아트 참조　　 난이도　　16초

01 처음부터 컵의 회전을 염두에 두고 컵을 잡는다.

02 손가락을 펴는 동작으로 컵을 회전시킨다.

03 두 번째 나뭇잎이 끝남과 동시에 재빨리 검지를 오므렸다 편다.

04 앞의 사진 03과 비교하면 나뭇잎을 그리면서 피처의 각도가 바뀌는 것을 알 수 있다.

05 네 번째 나뭇잎을 그릴 때는 이미 컵 가득히 액체가 차 있다. 피처는 몸과 수평으로 움직인다.

06 완성

(12) 다섯 개의 나뭇잎 Five Leaf

다른 디자인에 비해 그리기 어렵고 컵의 회전과 양
조절, 각 나뭇잎의 균형을 잡는 것이 쉽지 않다. 다섯
개의 나뭇잎에 선명성을 주기 위해 스티밍에서 마무리
까지 절제된 작업이 요구된다. 많은 폼드밀크가 사용되
기 때문에 빨리 2단계를 마치고 시간과 양, 공간을 확보해
야 한다. 그리고 신속한 움직임이 필요하다. 하나의 나뭇잎을 그리고 피처를 완전히
들어 올리지 않고 그대로 멈출 수 있는 각도를 찾아야 한다. 그리는 것과 동시에 컵을
회전시키는 것은 많은 연습으로 해결할 수 있다.

| 만드는 법 |

프리푸어 라떼아트 참조　　난이도　　17초

01 '네 개의 나뭇잎 B'와 달리 검지를 펴고 컵을 잡는다. 사진의 오른쪽부터 그림을 그리기 위해서이다.

02 한 방향으로 컵을 회전시키며 그림을 그리면 나중에 그리는 나뭇잎은 두터운 막에 의해 먼저 그린
　　그림과 달라진다. 따라서 좌우 조화를 이루기 위한 하나의 방법이다.

03 세 번째 위치를 잡는 시점부터 피처의 각도에 주의하며 컵을 회전시킨다.

04 회전이 필요한 모든 디자인에는 좌우 손의 협력이 필요하다.

05 시간 조절을 위해 마지막 나뭇잎은 왼쪽 손목을 완전히 틀고 피처를 움직여 위치를 잡는다.

06 완성

4　튤립 스타일(Tulip Style)

　튤립은 이름 자체에 '예쁘다.'는 의미가 포함되어 있다. 이름대로 컵에 그려진 튤립을 보면 여쁘다는 생각이 들곤 한다. 라떼아트에서 튤립을 그릴 때에는 한 잎씩 그리는 동작에서 멈춤의 타이밍 그리고 폼을 올리는 위치가 중요하다. 또 먼저 그려진 앞의 형상이 다음에 그려지는 잎의 위치, 속도, 양 등에 따라 이미지가 달라지게 되는 것도 머릿속에 계산해 두어야 한다.

　튤립은 좌우 밸런스가 잡히지 않으면 스타일이 살지 않으므로 어떤 그림보다 세심한 주의가 요구된다.

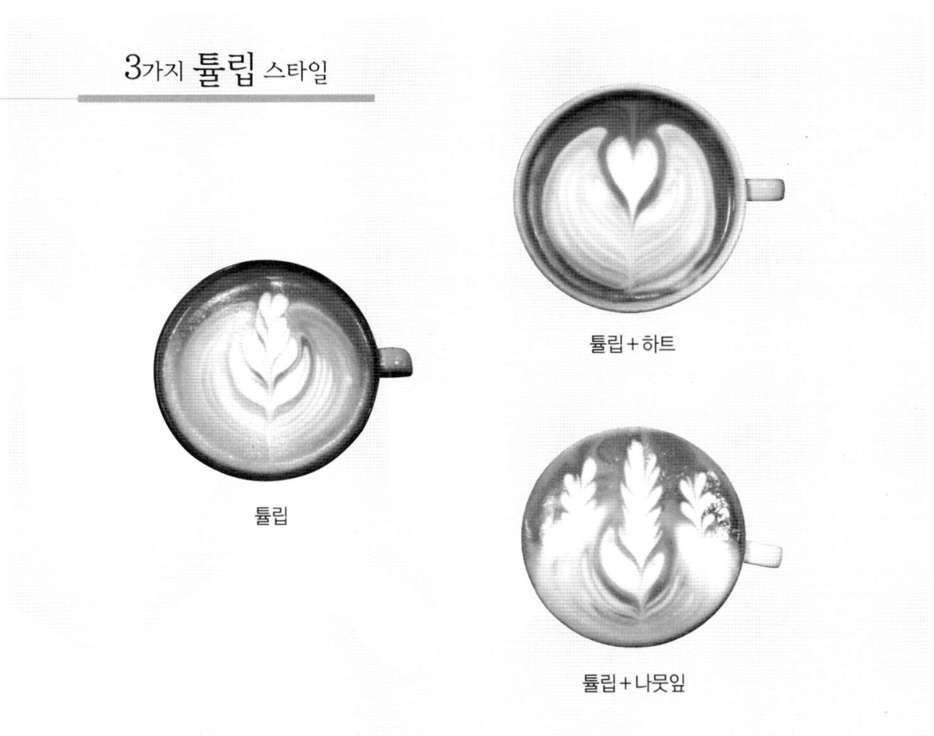

(1) 튤립 + 하트 Tulip + Heart

라떼아트는 사진보다 실물이 훨씬 예쁘고 각각의 재미가 다르다. 그 차이는 튤립에서 가장 두드러진다. 둥근 컵 안에 단순히 올려진 이 모양은 상당히 인상적이다.

이 디자인에는 세 가지의 형태가 섞여 있다. 나뭇잎, 튤립, 하트. 하지만 의외로 작업은 쉽게 진행된다.

컵의 70% 정도에서 2단계를 마친다. 그리고 피처를 중심에서 조금 바깥쪽으로 위치시켜 나뭇잎을 그리듯이 좌우로 흔들며 틀을 잡는다. 그리고 피처를 안쪽으로 이동시켜 앞으로 전진하듯 움직이며 폼을 올리고, 그리고 끊어 준다.

| 만드는 법 |

난이도   8초

01 보통처럼 1단계를 실시한다.

02 컵 중앙 부분에서 밑바탕 작업을 실행한다. 좌우로 흔들며 틀을 잡는다 (2단계).

03 원하는 크기가 되면 피처를 들어 올리고 뒤로 이동시킨다.

04 폼을 올리기 위해 앞으로 전진하듯 피처를 움직인다.

05 중간을 끊어 준다.

06 완성

(2) 튤립 Tulip

　본격적인 튤립 형상이다. 한 잎 한 잎 올릴 때 호흡이 멈춰진다. 그만큼 신중을 기해야 한다. 튤립을 그릴 때는 머릿속에 어떤 계산도 하지 않는다. 그저 피처를 잡고 있는 오른손 감각으로 그려 나간다. 특별한 경우 외에는 컵 테두리와 간격을 두고 중심에서 바깥쪽 위치에서 2단계를 실시한다. 올라오는 폼에 공간을 만들어 주기 위해서이다. 경우에 따라 얇은 막으로 섬세한 디자인이 가능하지만 튤립은 섬세함보다 각 잎의 크기에서 오는 밸런스와 잎의 선명성, 좌우 대칭이 중요하다.

| 만드는 법 |

난이도　11초

01 컵의 60~70% 정도에서 튤립의 기본 라인을 만든다.

02 한 잎씩 올려나간다.

03 나중에 을리는 잎에 의해 먼저 그린 잎이 압축되는 것이 보인다.

04 피처를 뒤로 움직일 때의 각도나 속도에 주의한다. 입구까지 나온 액체를 그 자리에 머물게 하는 것이 요령이다.

05 언제나처럼 중간을 끊어 준다.

06 완성

(3) 튤립 + 나뭇잎 Tulip + Leaf

　튤립의 응용 디자인이다. 단독 디자인보다 응용 디자인이 쉬운 경우도 있는데, 그것은 실패 확률이 적기 때문이다. 단독 형상은 이미 형태가 정해져 있어 기본 형태에서 달라지면 실패하게 되지만 응용 형상은 정해진 것이 없기 때문에 실패한 것이라고 보기 힘들다.

　우선은 기본 라인을 그리고 튤립을 한 잎 그린 후 나뭇잎을 그린다. 그리기 쉽다고 하더라도 시간 경과는 라떼아트에 있어서 하나의 적이다. 간단해 보여도 실제로는 많은 양의 폼드밀크가 사용된다. 따라서 머릿속에 양 조절을 염두에 두고 작업해야 한다.

| 만드는 법 |

프리푸어 라떼아트 참조　　난이도　　14초

01 컵의 60% 정도에서 밑바탕 작업을 실시한다 (2단계).

02 단독 튤립처럼 한 잎 올린다.

03 한 발 뒤로 뺀 채 나뭇잎을 그린다.

04 양쪽에 위치한 나뭇잎을 그린다.

05 한쪽이 완성되면 반대쪽으로 옮겨간다.

06 완성

5   소용돌이 스타일(Swirls Style)

지금부터 선보일 소용돌이 스타일은 특별히 어렵지도 않으면서 기술력을 인정받을 수 있는 디자인이다. 어떻게 보면 나뭇잎 스타일의 응용 기술이라고도 할 수 있다.

소용돌이 디자인에 하트와 나뭇잎을 더하면 고급스러움이 배가 된다. 경우에 따라서는 컵에 가득히 올려진 그림에 의해 무거운 느낌이 들 수도 있으므로 사용하는 컵 크기를 확실하게 파악하고 있어야 한다.

6가지 **소용돌이** 스타일

소용돌이 나뭇잎	 소용돌이 + 나뭇잎	 소용돌이 + 튤립
스용돌이 + 하트 + 두 개의 나뭇잎	 소용돌이 + 하트 + 나뭇잎 A	 소용돌이 + 하트 + 나뭇잎 B

(1) 소용돌이 나뭇잎 Leaf of Swirls Style

소용돌이 스타일을 그리는 방법에는 두 가지가 있
다. 1, 2, 3단계를 그대로 따라가면서 그리는 방법과
특별 방식으로 처음부터 유동을 일으키며 동시에 거품
을 올리는 방법이다. 디자인에 따라 택하는 방법이 다르
지만 대부분의 디자인은 두 가지 방법 모두를 사용하여 그릴
수 있다. 단, 두터운 막이 형성되기 전에 유동을 일으켜야 한다는 것을 잊어서는 안 된
다. 그리고 좌우 한쪽으로 몰아 피처를 앞쪽으로 던지는 듯한 느낌으로 액체를 따른
다. 이렇게 함으로써 속도가 붙어 액체를 움직이는 힘이 발휘된다. 그리고 좌우로 흔
들며 후진한 다음 끊어 준다.

| 만드는 법 | 　특별방식　난이도　8초

01 처음부터 유동을 일으킨다(특별 방식).
02 폼이 돌아오고 어느 정도 양이 되면 본격적으로 그릴 준비를 한다.
03 피처를 좌우로 흔들며 유동을 계속 지속시킨다.
04 유동이 멈추면 후진한다.
05 마지막에 끊어 주는 위치에 따라서 형태가 변한다.
06 완성

(2) 소용돌이 + 나뭇잎 Swirls + Leaf

앞에서 설명한 소용돌이 디자인과 형태가 다른 디자인이다. 앞 디자인은 유동을 일으키고 거품이 돌아오기를 기다렸지만, 이번에는 폼을 내면서 피처를 흔들어 준다. 그러면 사진과 같은 모양이 형성된다. 폼드밀크를 따르는 속드와 흔드는 움직임을 통해 크기 조절도 가능하다.

나뭇잎처럼 후진하고 틀이 만들어지면 가운데로 이동하여 작은 나뭇잎을 그린다. 소용돌이 스타일의 매력은 선명성, 단순성에 있는 것이 아니라 무언인가를 생각하게 만드는 복잡함, 추상적인 형상에 있다.

| 만드는 법 |

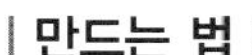

프리푸어 라떼아트 참조   난이도   10초

01 얇은 막을 만들어 작업한다. 시계 방향으로 돌아가며 나중에 일으킬 유동을 쉽게 한다.

02 컵의 30~40% 정도에서 피처를 흔들어 폼을 올리고 후진한다.

03 틀이 만들어지면 가운데로 이동하여 나뭇잎을 그린다.

04 완성

03′ 같은 순서로 하트를 그린다.

04′ 완성

(3) 소용돌이 + 튤립 Swirls + Tulip

소용돌이에 튤립을 올린 디자인이다. 난이도 별이 4
개지만, 실제로 그렇게 어렵지는 않다. 단지 밸런스를
잡는 것이 생각보다 어렵다. 틀이 되는 소용돌이 작업
은 앞에서 설명한 것과 같다. 이때도 폼드밀크를 붓는
속도나 양, 피처의 움직임 등에 따라 여러 가지로 디자인
이 변한다. 튤립은 한 잎씩 올려나가는데 처음에 올리는 잎의 위치가 매우 중요하다.
틀에서 가까이 작업하면 틀이 무너지고, 멀리서 작업하면 균형이 잡히지 않는다. 소용
돌이를 만들 때는 유동이 적은 경우 컵이나 피처를 움직여 틀을 만들어야 하는 경우도
있으므로 손으로 컵을 감싸는 방식으로 잡는 것이 좋다.

| 만드는 법 |

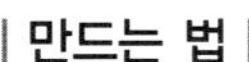

01 막을 형성하여 작업에 임할 때는 유동을 일으키는 방향으로 피처를 움직인다.

02 왼쪽(사진의 오른쪽)으로 피처를 움직여 폼을 올리기 시작한다.

03 폼이 나옴과 동시에 피처를 흔들어 준다. 유동이 멈추면 후진한다.

04 잎을 올리는 위치를 신중히 한다.

03´ 튤립처럼 한가운데를 끊어 준다.

04´ 완성

(4) 소용돌이 + 하트 + 두 개의 나뭇잎
Swirls + Heart + Double Leaf

　소용돌이 디자인은 여러 가지 응용이 가능하다는 점에서 가치가 있다. 나뭇잎, 튤립, 하트와 함께 디자인하면 또 다른 디자인이 된다. 이 형상도 틀이 되는 소용돌이를 그리고 마지막 부분에서 피처를 조금 움직여 하트를 그린 다음 두 개의 나뭇잎을 그린다. 나중에 그릴 두 개의 나뭇잎을 위한 공간을 만들기 위해 소용돌이의 유동을 작게 하는 것도 하나의 요령이다. 가끔씩 소용돌이를 그린 이후에 무엇을 그리려 했던가를 잊어버릴 때도 있다. 따라서 작업 전에 확실한 이미지를 가지고 있는 것이 중요하다.

| 만드는 법 |

프리푸어 라떼아트 참조　　난이도　　13초

01 유동을 일으킬 방향으로 피처를 돌리는 것은 기본이다.

02 처음부터 폼을 올리면 나중에 나뭇잎을 그릴 공간이 없다. 그래서 막을 형성시킨다.

03 틀이 잡혔으면 틀 마지막 부분에 하트를 그린다.

04 밸런스를 생각하며 첫 번째 나뭇잎을 그린다.

05 신속하게 두 번째 나뭇잎을 그린다.

06 완성

(5) 소용돌이 + 하트 + 나뭇잎 A

Swirls + Heart + Leaf A

가끔씩 다른 사람이 생각해 낸 디자인에 감동하기
도 한다. 소용돌이에 하트를 그리고, 그 하트를 나뭇
잎으로 측면에 연결시킨 이 디자인의 발상이 멋지다는
생각이 든다.

이미 설명한 '소용돌이 + 하트 + 두 개의 나뭇잎'과 순서는 거의
같다. 마지막 나뭇잎은 왼쪽 손목을 완전히 틀어 그린다.

| 만드는 법 |

프리푸어 라떼아트 참조   난이도   11초

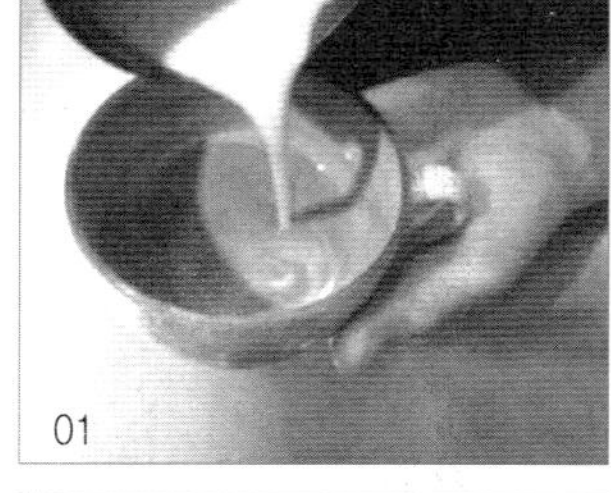 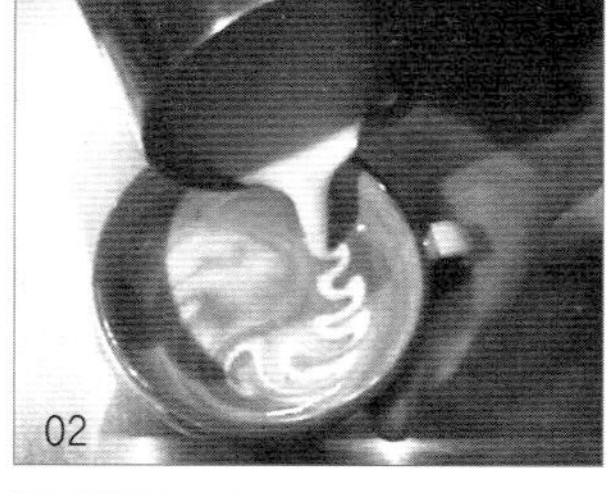 

01 사진에서 피처의 각도나 따르는 폼드밀크의 양을 유심히 살펴본다.

02 피처의 각도를 낮추고 따르는 양을 많게 하여 원하는 지점에서 그림을 그린다.

03 '소용돌이 + 하트 + 두 개의 나뭇잎'의 그림과 여기까지 순서가 같다.

04 같은 디자인이라 하더라도 크기, 위치, 여러 가지 조건에 따라 맛이 달라진다.

05 손목을 틀고 피처를 움직여 하트의 측면에서 나뭇잎을 그리고 끊어 준다.

06 완성

(6) 소용돌이 + 하트 + 나뭇잎 B
Swirls + Heart + Leaf B

　앞의 디자인들과 그리는 요령이 조금 다르다. 나중에 나뭇잎을 그릴 때 왼손 검지를 오므려야 하고 나뭇잎을 끊는 과정에서 소용돌이까지 연장하여 돌아가야 한다. 소용돌이를 만들 때도 그 형상이 선명하고 크게 남아 있는 것이 완성 후에 깔끔해 보인다. 하트를 그리고 반대쪽으로 이동할 때와 나뭇잎을 그리고 끊을 때에 동작이 신속해야 한다.

| 만드는 법 |

프리푸어 라떼아트 참조　　난이도　　13초

01 앞에서 설명한 '소용돌이 + 하트 + 나뭇잎 A'와 하트까지의 동작이 같다.

02 하트 이후에 나뭇잎을 그릴 때 왼손 검지를 이용한다.

03 펴 있는 검지의 위치를 다음 04의 사진과 비교한다.

04 나뭇잎을 그린다. 이미 컵이 조금씩 돌아가고 있다.

05 나뭇잎이 그려졌으면 하트의 위치까지 끊어 준다.

06 완성

6 종이컵에 디자인하기

라떼아트에 적당한 컵은 높이보다 직경이 큰 것이라고 앞에서 이미 말했다. 현재 카페에서는 테이크아웃용 종이컵이 많이 사용되고 있다. 라떼아트에 적당하든 적당하지 않든 종이컵을 사용하여 그림을 그릴 수 있어야 한다.

종이컵을 사용하면 기술과 주의가 더 필요한데, 그 이유를 살펴보면 다음과 같다.

첫 번째는 역시 높이에 있다. 라떼아트는 폼을 올려놓는 과정에서 생기는 모양의 변화이다. 말 그대로 단지 폼을 올려두는 것이다. 하지만 종이컵의 경우 높이가 자연히 생기기 때문에 아무리 가벼운 폼이라고 하더라도 떨어지는 힘(위치에너지)에 의해 밑으로 가라앉는다. 또 일정량을 따라 컵과 피처의 간격이 좁아지면 이번에는 그림을 그릴 만한 공간적 여유가 없게 된다.

두 번째 이유는 컵의 형상 때문에 대류가 일어나지 않기 때문이다. 거의 수직에 가깝고 밑면이 좁아 액체를 부으면 유동이 금방 멈춰 버린다.

그럼 어떻게 하면 종이컵에 그림을 그릴 수 있을까?

종이컵에 라떼아트를 하려면 다음 세 가지 요령이 있어야 한다.

첫 번째는 컵과 피처의 간격을 줄이는 것이다. 컵을 기울여 간격을 조절하는데, 이때 기울인 컵을 수평으로 할 때 그림의 형태가 변하게 된다. 따라서 컵을 수평으로 되돌리는 속도와 시간을 머릿속에 계산해 두어야 한다. 그리고 필요한 양의 폼드밀크를 사용한다. 수면과 간격을 줄이기 위해서는 피처의 각도를 기울여야 한다. 이때 피처 안에 폼드밀크의 양이 많다면 피처를 기울일 수 없어 결국 컵과 간격 조절을 할 수 없게 된다.

두 번째는 대류를 일으킬 수 있는 적절한 스티밍을 하고 컵 자체를 이용하여 그리는 것이다. 이미 말한 대로 라떼아트의 필수 조건 중 하나가 바로 스티밍이다. 너무 많거나 적은 폼을 만들면 종이컵에서는 그리기 어렵다. 종이컵에서는 좀처럼 대류를 일으킬 수 없어 소용돌이 디자인을 하기에는 조금 무리가 따르므로 컵의 벽을 이용한다. 컵의 벽을 비행기의 활주로처럼 활용하는 것이다. 컵을 조금 기울이고 벽을 향해 폼드밀크를 부으면 폼의 비행거리가 그만큼 늘어나고 윗부분에 생성된 막을 움직일 수 있는 각도가 만들어진다. 소용돌이 디자인의 경우 조금 많은 폼드밀크를 사용하는 것이 작업에 용이하다. 에너지가 필요하기 때문이다.

세 번째는 충분한 연습을 거쳐 신속하게 하는 것이다. 종이컵에 한정되는 것은 아니지만 액체의 분리가 이루어지기 전에 그림 그리는 것을 끝내는 것이 중요하다. 그러기 위해서는 연습을 통해 정해진 동작으로 작업이 빨리 이루어져야 한다.

5가지 **종이컵** 디자인

하트   세 개의 나뭇잎   튤립

네 개의 나뭇잎   소용돌이 + 튤립

(1) 하트 Heart

디자인에 따라서는 한 지점에만 부어 선명성을 주기도 한다. 하지만 종이컵의 경우는 컵 자체의 형상으로 인해 원활한 대류가 일어나지 않아 이 작업은 적절하지 않다. 따라서 컵 테두리를 돌아가며 따라 에스프레소와 폼드밀크가 하나가 되게 하고, 컵을 기울여 피처와의 간격을 줄이는 것이다. 70~80% 정도에서 1, 2단계를 마치고 컵과 피처의 간격이 좁아진 시점에서 피처를 가볍게 흔들며 형태를 만든다.

| 만드는 법 |

난이도   9초

01 컵의 밑면을 고정하는 형태로 쥔다.

02 컵을 피처쪽으로 기울여 폼드밀크를 따른다.

03 한 지점에 멈추지 않고 컵 테두리를 돌아가며 막을 만들고 밑바탕 작업을 한다(1단계).

04 하트 자체가 많은 양의 폼이 필요하지 않으므로 80% 정도에서 그림을 그린다(2단계).

05 피처를 좌우로 흔들며 원하는 크기를 만든다(3단계).

06 완성

(2) 세 개의 나뭇잎 Triple Leaf

카페에서 가장 많이 그리는 것이 나뭇잎이다. 실패 확률이 거의 없어 마음이 안정되지 않은 상태에서도 가능하기 때문이다. 세 개의 나뭇잎은 하트보다는 형상이 복잡하고 폼드밀크가 많이 사용된다. 그래서 하트보다 빨리 1, 2단계를 마쳐야 한다. 종이컵의 경우 같은 각도로 기울였다고 하더라도 높이가 있기 때문에 컵을 수평으로 세우면 세우는 거리만큼 그림이 쏠려 형상이 무너진다. 따라서 이 쏠림을 염두에 두고 컵을 수평으로 유지하는 시점과 속도를 몸에 익혀야 한다.

| 만드는 법 |

난이도   13초

01 '하트'와 같은 방식으로 폼드밀크를 붓는다.

02 컵을 기울인 채로 가운데에 큰 나뭇잎을 그린다 (2단계).

03 나뭇잎 형상이 만들어지면 끊어 주고 동시에 수평을 유지한다.

04 이 지점에서 컵은 거의 수평으로 돌아와 있다.

05 종이컵의 경우 양 조절이 일반 컵보다 어렵기 때문에 항상 주의한다.

06 완성

(3) 튤립 Tulip

튤립은 종이컵에 그려도 예쁘다. 종이컵을 사용하면
나뭇잎 디자인보다 난이도가 높아진다. 스티밍이 적절
하지 않으면 떨어지는 힘에 폼이 막에 올려지지 않는다.
그러므로 조금 많은 거품을 만드는 것이 좋다. 컵의 밸런스를
잡기 위해 수평을 유지하면 그림이 쏠릴 것을 계산하여 몸쪽에서
1~2cm 정도 거리를 두어 작업하는 것이 요령이다. 70% 정도에서 1단계를 끝내고,
80%가 되기 전에 손목을 흔들어 기본 라인을 만든다. 그 다음 한 잎씩 그리면 된다.

난이도   12초

01 그림을 그리기 위한 기본이 되는 작업이다 (1단계).

02 사용하는 컵이나 원하는 디자인에 따라 1단계를 마치는 시점이 달라지므로 기본을 파악하는 것이 필
　요하다.

03 컵의 70% 정도에서 1단계를 마치고 80%가 되기 전에 밑그림을 그린다.

04 기울인 컵을 한 잎씩 올림과 동시에 수평으로 세운다.

05 컵을 세우는 타이밍이 항상 머릿속에 있어야 한다.

06 완성

(4) 네 개의 나뭇잎 Four Leaf

네 개의 나뭇잎은 기술이 필요하다. 컵의 높이가 있기 때문에 손 안에서 컵을 회전시킬 때 불안정하다. 또 나뭇잎 자체가 많은 양의 액체를 필요로 하기 때문에 공간 확보드 염두에 두어야 한다. 하지만 공간 확보를 위해서 컵을 너무 많이 기울여도 형상이 무너지므로 기술이 필요한 것이다. 60% 정도에서 1, 2단계를 마치면 주저하지 말고 그림을 그리기 시작한다. 종이컵에 그린 이 디자인은 앞에서 본 '네 개의 나뭇잎'과 비교해 보면 섬세함과 선명도가 떨어지는 것을 확인할 수 있다.

| 만드는 법 |

난이도 ★★★★ 18초

01 가능한 한 컵을 기울여 처음 나뭇잎을 그린다.

02 처음 나뭇잎을 그리는 것과 동시에 피처를 들어 올린다.

03 컵을 회전하는 데 걸리는 시간은 0초. 종이컵의 경우는 막이 두껍게 형성되므로 망설일 여유가 없다.

04 작업 시간은 18초, 나뭇잎을 재빨리 그린다.

05 마지막 나뭇잎은 손목을 틀어 위치를 잡고 그린다.

06 완성

(5) 소용돌이 + 튤립 Swirls + Tulip

종이컵에 소용돌이 형상을 디자인하는 데 가장 어려운 것은 유동을 일으키는 것이다. 처음에 폼드밀크를 따를 때 폼을 적게 하여 일정량을 따르고 나중에 많은 양을 따르면 액체와 막이 분리되어 막을 회전시킬 수 있으며, 막이 회전할 때 거품을 올린다. 하지만 이 방법은 본래 즐길 수 있는 라떼의 맛이 나지 않는다. 그래서 유동이 멈추지 않게 시계 방향으로 폼드밀크를 계속 따르면서 컵을 기울이는 방향을 왼쪽으로 하여 기울인 컵의 벽을 따라 폼드밀크를 붓는다. 동시에 좌우로 흔들며 후진한다. 대류는 일으키지 못하지만 이렇게 함으로써 그 효과를 낼 수 있다.

| 만드는 법 |

난이도　15초

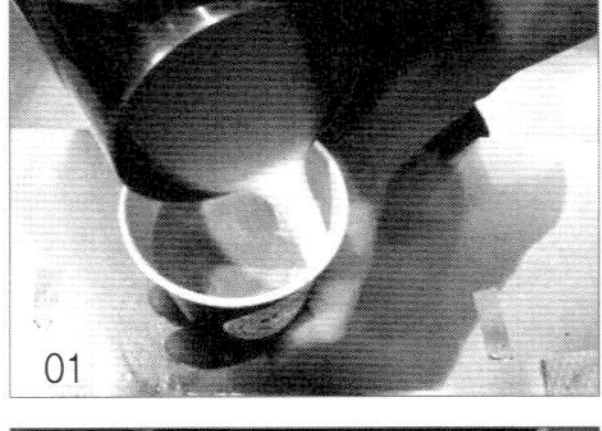

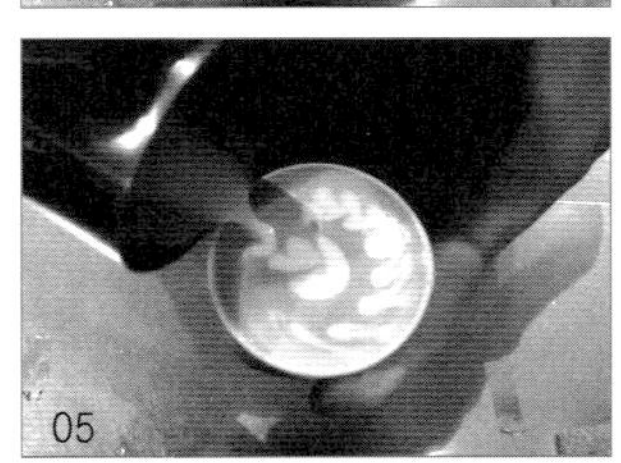

01 사진의 오른쪽(실제는 왼쪽)으로 컵을 기울여 벽을 따라 폼드밀크를 따른다.

02 이렇게 하면 액체가 멀리까지 갈 수 있다. 그리고 손목의 움직임과 함께 후진한다.

03 형상이 생성되면 중간 지점에 튤립을 그린다.

04 튤립을 그리는 것은 앞에서 본 컵을 사용하는 방법과 동일하다.

05 종이컵을 사용한 라떼아트가 어려운 점 중 하나가 바로 양의 조절이다.

06 완성

마끼아뜨(macchiato)는 '무늬를 새기다, 물이 들다.' 라는 의미를 가지고 있다. 이 것은 에스프레소와 같은 양의 폼드밀크를 따라 데미타스(demitasse)에 제공된다. 쉽게 생각하면 농도가 짙은 라떼의 작은 사이즈인 것이다. 데미타스의 크기는 일반적으로 60~70cc이기에 에스프레소가 30cc, 나머지 약 30~40cc의 공간이 있다. 겨우 30cc의 공간이지만 여기에 그림을 그리는 것도 충분히 가능하다.

폼드밀크를 따르는 방식에는 두 가지가 있다고 설명하였다. 여기 데미타스에는 특별 방식, 즉 막의 형성 없이 작업하는 방식이 사용된다. 작은 공간인 만큼, 그 처음부터 피처와 수면 간의 간격이 없어 그대로 폼을 올릴 수 있는 것이다. 그리고 망설임 없는 동작과 신속함, 즉 연습이 그 요령이 된다.

4가지 데미타스 디자인

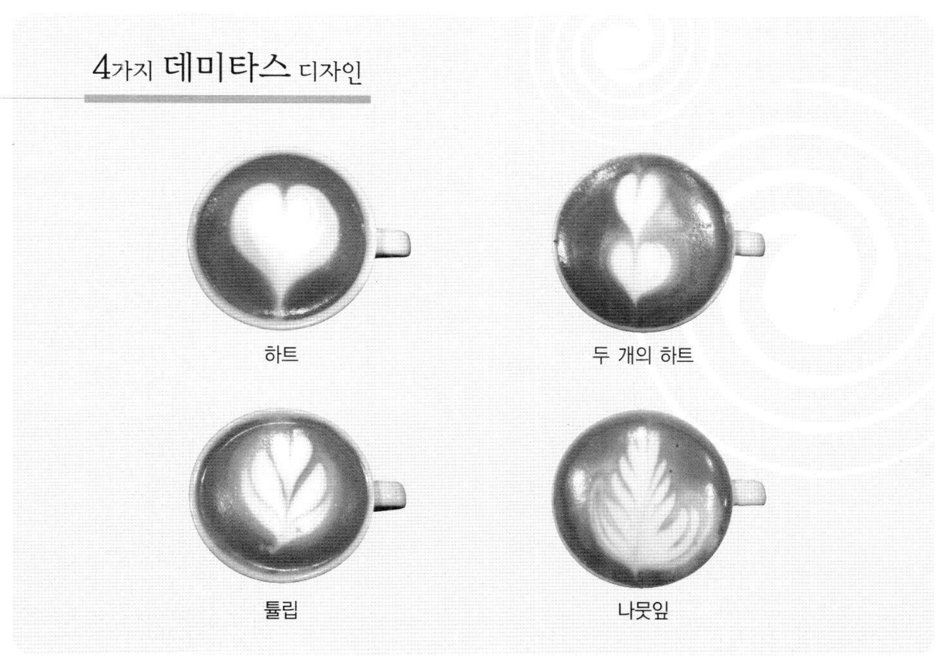

8 오리지널 디자인

나는 고안한 몇 가지 디자인을 소개하려고 한다. 자신만의 디자인은 다른 이의 디자인을 모방하는 과정에서 아이디어가 떠오르거나 액체의 유동을 관찰하다 새로운 디자인이 떠오르기도 한다. 특별한 기술은 필요하지 않다. 스스로 고안한 디자인에 나름대로 이름을 붙이고 그것들을 엮어 하나의 이야기를 만드는 것은 라떼아트의 또 다른 재미이다.

23가지 오리지널 디자인

Love is?(사랑이란)	만남	Fall in Love (사랑에 빠지다)
환희	방해자	동요
대립	이별	고독

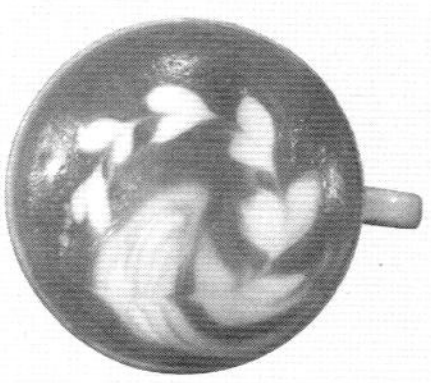

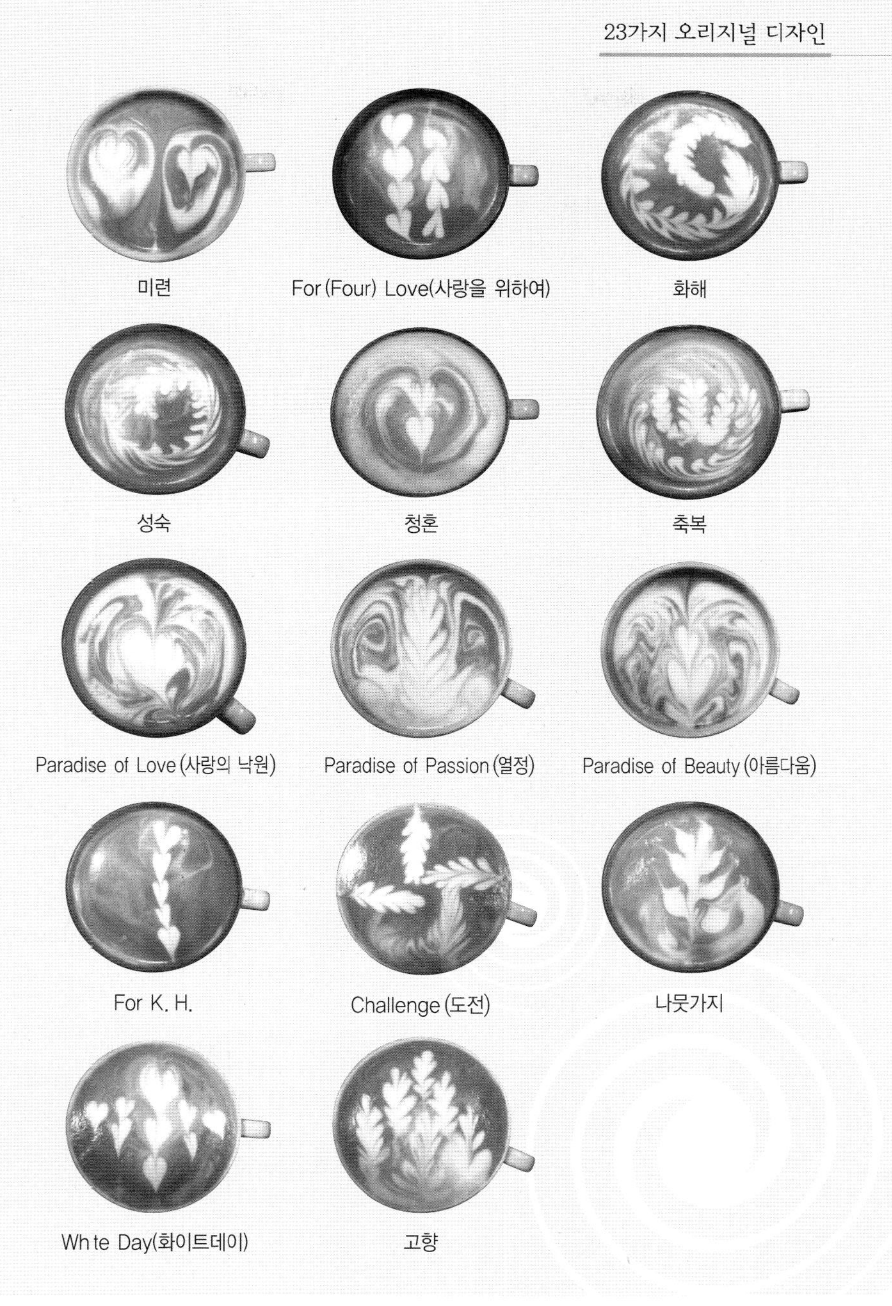

미련
For (Four) Love(사랑을 위하여)
화해
성숙
청혼
축복
Paradise of Love (사랑의 낙원)
Paradise of Passion (열정)
Paradise of Beauty (아름다움)
For K. H.
Challenge (도전)
나뭇가지
Wh te Day(화이트데이)
고향

(1) Love is? 사랑이란?

'카페와 라떼의 사랑 이야기(Love Story of Caffè & Latte)'를 시작해 보려고 한다. 사랑을 하면 세상이 나의 전부인 듯 보이지만, 시간이 지나면 사랑의 감정은 옅어지고 변한다. 그러나 사랑은 언제나 마음 한가운데에 존재한다. 이것을 행운을 나타내는 7개의 하트로 표현했다. 하트를 그릴 때마다 컵을 잡고 있는 왼손을 조금씩 옆으로 틀어 하트 그릴 위치를 잡는다. 보기보다 많은 양의 폼드밀크가 필요하므로 30cc 정도 더 많은 양으로 작업한다.

| 만드는 법 |

15초

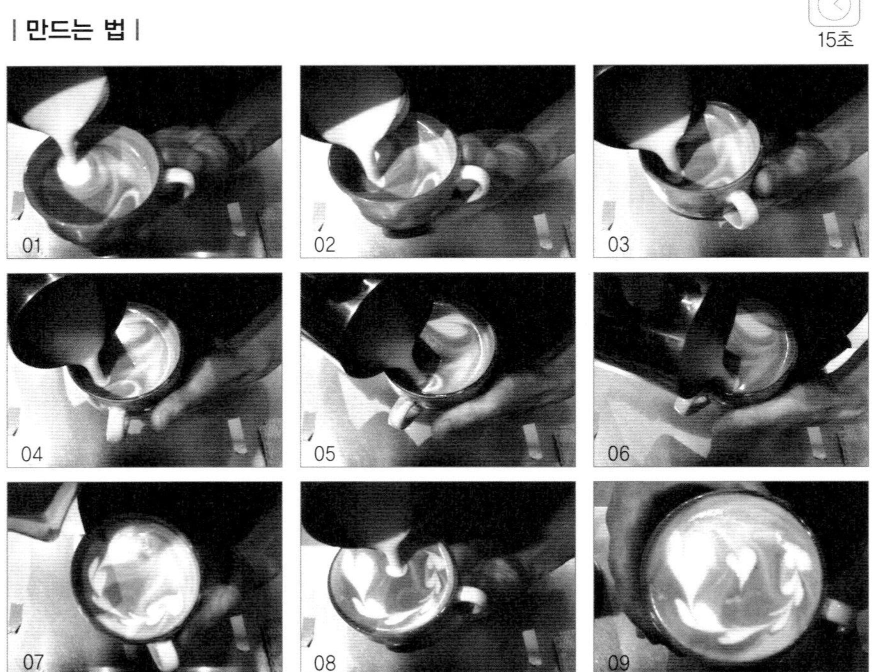

특별한 기술은 필요하지 않다. 컵을 잡은 왼손의 움직임을 염두에 두고, 하트 모양이 유지될 수 있게 튼튼한 막을 형성시키는 것이 중요하다. 컵 손잡이를 보면 하트를 그려지면서 위치가 조금씩 바뀌는 것을 알 수 있다.

(2) 만남

사랑의 시작은 만남이라는 한 공간 속에서 이루어지
듯 컵 테두리 안쪽을 하얀 거품으로 감싸 한 공간을,
두 개의 나뭇잎으로 두 사람을 표현하였다. 한 공간에
존재하는 두 사람의 만남을 표현한 것이다. 소용돌이와
나뭇잎을 그리는 방법을 사용한다. 소용돌이는 폼을 내면
서 피처를 흔들어 폼의 형상이 지그재그가 되지만, 이 그림을 그릴 때에는 손목의 스
냅을 이용하지 않는다. 유동을 일으켜 그 움직임 위에 폼을 올려두는 과정에서 둥근
틀을 만든다. 그러므로 피처의 움직임 없이도 폼이 나올 수 있도록 충분한 양의 폼을
만들어 속도감 있게 컵에 따라야 한다.

| 만드는 법 |

11초

01 소용돌이처럼 유동을 일으킬 방향으로 피처를 돌려 막을 형성하고 밑바탕 작업을 한다 (1단계).

02 컵의 한쪽 테두리에서 폼을 속도감 있게 컵에 따른다.

03 폼이 한 바퀴 돌아오면 피처를 들어올리고 나뭇잎을 그릴 위치로 이동한다.

04 나뭇잎을 그린다.

05 이때 두 개의 나뭇잎 크기를 조절하면 남과 여의 구분이 생긴다.

06 완성

(3) Fall in Love 사랑에 빠지다

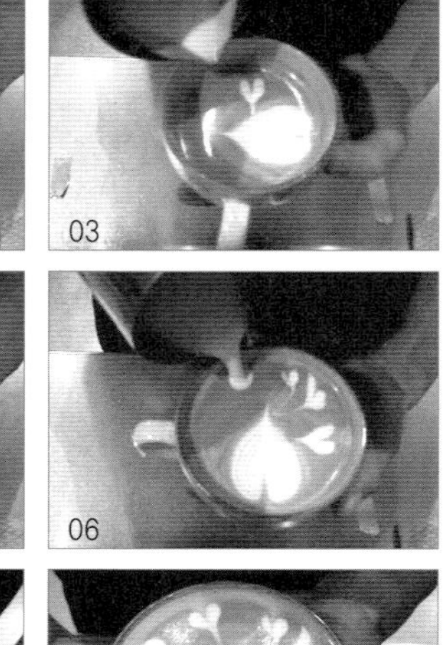

사랑에 빠지면 마음속이 전부 하트로 가득 찬다. 7개의 하트로 그것을 표현하였다. 이 디자인은 시간이 많이 걸리고 숙련된 기술이 필요하다.

이미 그려진 하트가 찌그러지지 않게 하기 위해 어느 정도 두께를 가진 막을 만든다. 컵의 60% 정도에서 2단계를 마치고 제일 큰 하트를 그린다. 그리고 작은 하트를 그릴 공간을 만들기 위해 몸쪽 (컵 안쪽)으로 큰 하트를 위치시킨다. 작은 하트는 손가락으로 컵을 회전시키면서 위치를 확보하고 거품이 표면에 올라오면 동시에 피처를 들어 올려 끊어 준다. 이렇게 함으로써 시간을 조절하고 형상을 유지한다.

| 만드는 법 | 20초

01	02	03
04	05	06
07	08	09

그림이 찌그러지지 않게 신속하게 움직인다. 작은 하트를 그릴 위치는 언제나처럼 검지를 오므리고 펴는 동작으로 확보한다.

(4) 환희

곡선을 띠고 있어 마치 춤추는 듯한 인상을 준다. 사
람들이 기쁠 때 춤추는 것을 연상하여 환희라고 이름
지었다. 7개의 잎을 가진 둥근형 튤립이라고 생각하면
어렵지 않게 작업할 수 있다. 이 그림을 그릴 때 주의해
야 할 것이 두 가지 있는데 첫 번째는 기본 라인이 되는 처음

잎을 올릴 때 소용돌이처럼 폼이 돌지 않게 하는 것이다. 나중에 올려
질 잎의 공간을 확보하고 선명도를 좋게 하기 위해서이다. 두 번째는 왼손 손가락의 움
직임으로 일정한 각도로 컵을 회전시켜 잎 하나하나의 간격을 일정하게 하는 것이다.

| 만드는 법 |

16초

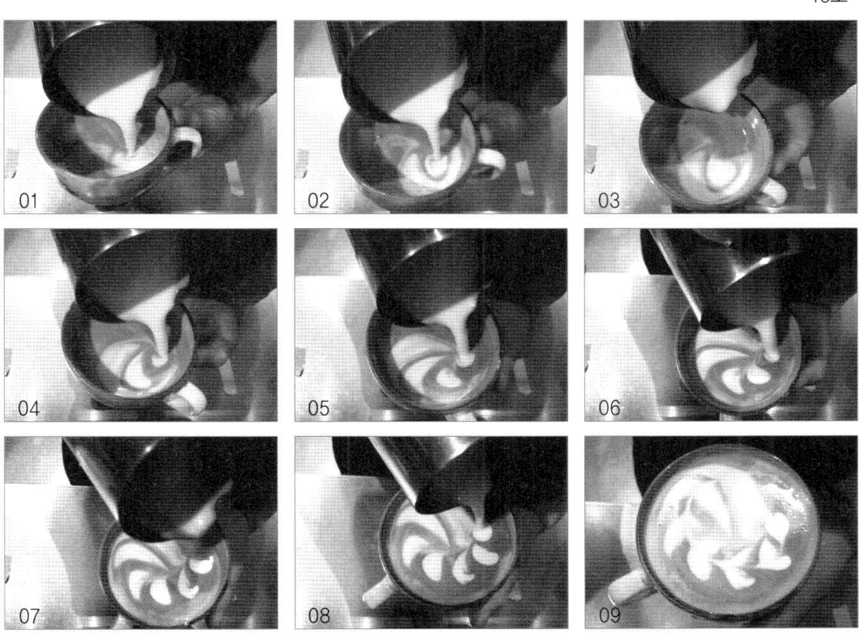

처음에 올리는 폼이 퍼지지 않게 하기 위해서 반대쪽에서 유동을 일으킨다.
잎을 그릴 때마다 일정한 각도로 컵을 회전시킨다.

(5) 방해자

  세상일이 그렇듯 사랑도 그렇게 쉽지는 않다. 두 사람 사이에 방해자가 나타났다면 이것을 어떻게 표현하면 좋을까? 두 사람 사이의 방해자는 세 개의 나뭇잎 방향이 서로 엇갈린 디자인으로 나타내 보았다. 어느 정도 가늘고 긴 형태의 나뭇잎 모양을 만들려면 폼드밀크를 따랐을 때 퍼지지 않게 하기 위해서 어느 정도 장력을 가진 막이 필요하다. 피처의 움직임을 최대한 컨트롤하면 별 문제 없이 그릴 수 있다.

| 만드는 법 |

17초

01 컵을 회전시켜야 하므로 처음에 컵을 잡는 방법이 중요하다.

02 컵의 60% 정도가 차기 전에 밑바탕 작업까지 마친다(2단계).

03 피처의 움직임을 가능한 한 제어한다. 뒤로 돌아올 때는 속도를 조금 늦춘다.

04 검지를 펴면서 손목을 굽힌다.

05 반대쪽으로 이동, 다음에 그릴 나뭇잎의 위치를 잡는다.

06 완성

(6) 동요

　나뭇잎의 응용 형태 중 하나이다. 주저하고 자신 없고 흔들리는 마음을 표현하였다. 그리는 요령은 컵을 잡은 왼손의 움직임에 있다. 처음부터 손목을 틀어 나뭇잎 형상을 그린다. 그리고 손목을 시계 방향, 반시계 방향으로 틀면서 형상을 갖춰간다. 겉으로 보기에 다른 디자인보다 예쁘지는 않지만, 컵을 잡는 왼손의 새로운 움직임을 터득할 수 있는 디자인이다.

| 만드는 법 |

14초

컵의 60% 정도에서 막을 만들고 밑바탕 작업을 한다(1, 2단계).
사진에서 보견 알 수 있듯이 기본 라인을 만들 때부터 손목을 틀어 준다. 나뭇잎 형상이 바뀔 때마다 손목의 방향을 바꿔가며 틀어 준다. 화살표 방향으로 컵이 움직인다.

(7) 대립

　나뭇잎이 한 공간에 있으면서 서로 반대 방향을 향하고 있는 것으로 대립을 표현하였다.

　앞에서 설명한 '만남'과 작업 순서는 같다. 컵 테두리를 따라 하얀 틀을 만들고 서로 반대쪽을 향하는 나뭇잎을 그린다. 컵을 회전시키는 것도 거의 같다. 손가락과 손목을 이용하고 피처를 바깥으로 움직여 형상의 위치를 잡는다.

| 만드는 법 |

13초

01 디자인이 결정되면 컵을 잡는 방법을 생각한다.

02 컵의 60% 정도에서 밑바탕 작업과 함께 폼을 내어 둥근 틀을 만든다.

03 밸런스를 생각하면서 나뭇잎을 그린다.

04 반대쪽 나뭇잎을 그리기 위해서 왼손, 오른손의 움직임이 필요하다.

05 왼손의 손목이 완전히 틀어진 것에 주의한다.

06 완성

(8) 이별

　마음이 흔들리고 오해하고 대립하다 결국 헤어지는 과정을 한 공간에 있던 나뭇잎이, 두 개의 공간에 있는 것으로 이별을 표현하였다.

　우선 두 개의 틀을 만들고 그 안에 각각 나뭇잎을 그린다. 두 개의 틀을 그리는 방법은 설명하지 않을 것이다. 각자 생각하여 나름대로 그려 보기를 바란다. 이 디자인은 나중에 설명할 '파라다이스'의 형태에서 응용한 것이다.

| 만드는 법 |　　　　10초

01 두 개의 틀을 만든다.

02 오른쪽 틀이 조금 더 작게 그려졌으므로 균형을 잡기 위해 그쪽부터 나뭇잎을 그린다.

03 만들어진 틀에 맞추어 다음 나뭇잎을 그린다.

04 완성

(9) 고독

　사랑하던 사람과 헤어지는 경험을 해 본 사람이라
면 이해할 수 있을 것이다. 마음 속에 짙은 안개가 낀
것 처럼 아무것도 선명하게 보이지 않는다. 외롭고 그
립고 고립된 상태를 표현해 보았다.

　소용돌이의 응용 디자인으로 이미 설명한 형상들과 차이
가 있다면 많은 폼을 컵에 따른다는 것이다. 하얀 폼이 한 바퀴 이상 돌 수 있도록 속
도감 있게 따른다. 마지막에 하트를 그려 고독한 마음을 나타낸다.

| 만드는 법 |

特別방식　7초

01 처음부터 폼드밀크를 올리며 회전시킨다. 특별 방식이다.

02 따른 폼드밀크가 안에서 퍼질 수 있게 하기 위해서이다.

03 유동이 멈추기 전에 하트를 그리면 형상이 찌그러지므로 기다린다.

04 안개처럼 형상이 생기면 피처를 들어 올린다.

05 안개 한가운데에 하트를 그린다.

06 완성

(10) 미련

　헤어졌지만 마음속에 남은 사랑의 감정을 표현하였다. 헤어지고 나서야 자신의 감정을 깨달은 것이다.

　이 디자인은 '파라다이스'의 작업 요령과 같다. 두 개의 틀을 만들고 그 안에 하트를 그린다. 이때 작게 생성된 틀 쪽에 먼저 하트를 그린다. 처음에 그린 하트가 퍼지면서 뒤에 그린 하트와 균형을 이룬다.

| 만드는 법 |

10초

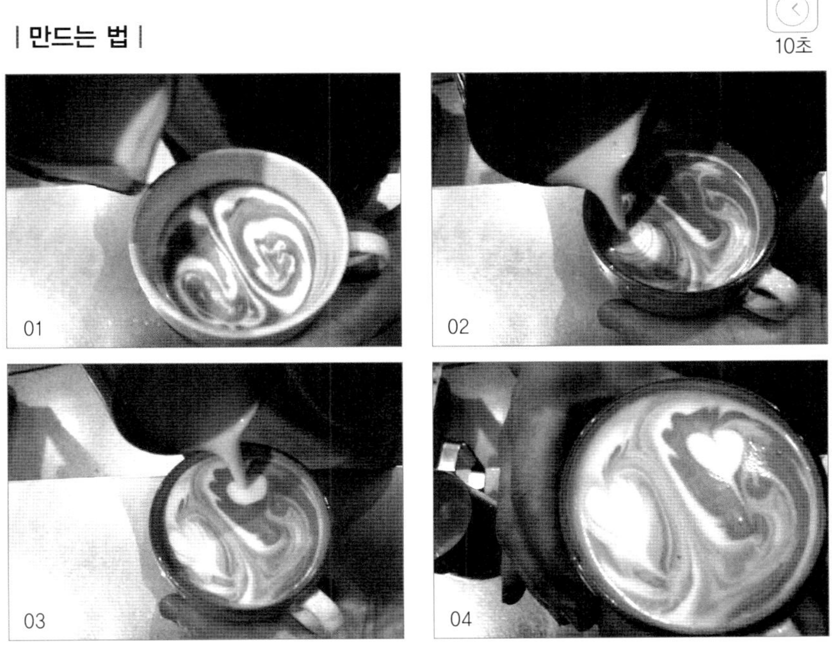

01 잘 다듬어진 틀을 만드는 것이 파라다이스 디자인 계열의 포인트이다. 사진을 유심히 보면 그 방법이 보일 것이다.

02 만들어진 틀에 하트를 그린다. 이때 작은 쪽부터 그린다.

03 처음에 그린 형상이 퍼지면서 균형을 이룬다.

04 완성

(11) For(Four) Love 사랑을 위하여

　헤어졌다 해도 아직 마음속에 남아 있는 사랑, 그것을 깨닫고 다시 정면으로 마주하고 노력함을 나타냈다. 'for'는 발음이 같은 'four', 즉 네 개의 하트로 표현하였다. 사랑을 얻기 위해서 당당히 맞서겠다는 의미이다.

　컵의 60%가 되기 전에 막을 생성시킨다. 처음 하트를 그릴 때 피처와 수면의 간격을 줄이기 위해서 가능한 한 컵을 기울이고, 양쪽 균형을 잡기 위해 먼저 그리는 열의 하트의 위치에 주의한다.

| 만드는 법 |

17초

01 그림을 그리기 위해 컵을 회전시켜야 한다. 컵을 잡는 방법에 주의한다.

02 몸쪽에 두터운 막을 형성시킨다 (1단계).

03 컵을 가능한 몸쪽으로 기울인다. 빠른 시점에서 하트를 그리기 위함이다.

04 앞의 '네 개의 하트'에서 설명한 네 개의 하트를 그린다.

05 컵의 회전은 손가락과 손목을 이용한다.

06 완성

(12) 화해

서로에게 고개를 숙이고 두 손을 마주 잡고 있는 듯
하다. 서로가 서로를 마음으로 받아들이기 시작한 것
을 표현하고 '화해' 라고 이름 지었다.

'두 개의 나뭇잎' 과 거의 같은 모양이지만 컵의 테두
리가 아닌 한가운데를 향해 곡선을 그려야 하기 때문에 이
모양이 더 그리기 어렵다.

| 만드는 법 |

13초

01 컵의 60~70% 에서 막을 형성하고 밑바탕 작업을 마친다 (1, 2단계).

02 첫 번째 나뭇잎을 그릴 때 검지로 컵 손잡이를 밀며 형상을 만든다.

03 두 번째 나뭇잎을 그릴 때 컵은 이미 돌아가 있다. 02, 04, 05 사진과 컵의 방향을 비교해 본다.

04 나뭇잎을 그리면서 검지를 펴고 손목을 틀기 시작한다.

05 이렇게 함으로써 한가운데를 향해 굽은 나뭇잎의 형상이 만들어진다.

06 완성

(13) 성숙

360도 회전한 나뭇잎 형상이다. 사람은 성숙하면 자신의 마음속을 살펴보게 된다. 그것을 소용돌이를 응용하여 이미지화하였다. 밖으로 나오는 폼이 컵 테두리를 따라 한 바퀴 돌 수 있게 폼드밀크를 따르는 속도를 빠르게 한다. 폼을 따르면서 피처를 흔들어 나뭇잎 형상을 만든다. 하지만 따르는 속도를 높인다 하더라도 폼이 한 바퀴 돌기 전에 유동이 멈추기 때문에, 그 이후에는 컵의 회전과 피처의 움직임이 필요하다.

| 만드는 법 |

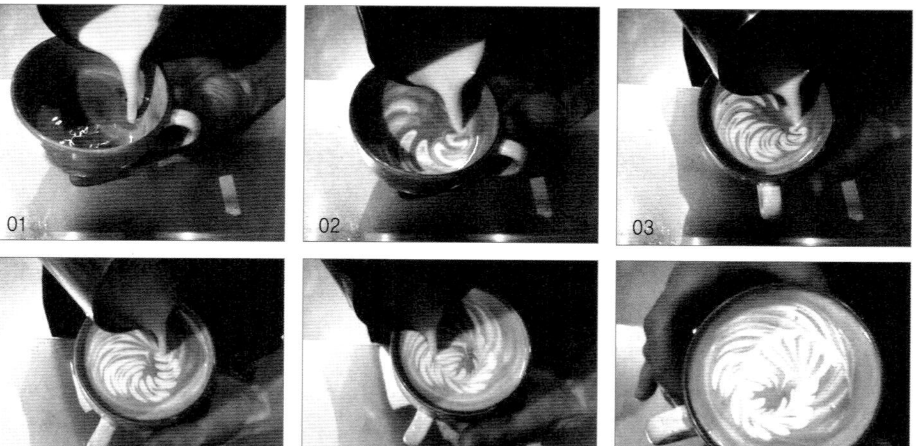

01 컵을 잡는 방법이 디자인에 따라 다르기 때문에 컵을 잡기 전에 디자인의 특성을 생각해야 한다.

02 처음부터 폼을 올리거나, 얇은 막을 만든 후 폼을 올려도 무방하다.

03 이 지점에서 손가락을 펴, 컵을 회전시키면서 손목을 틀어 준다.

04 컵과 손목의 각도를 02 사진과 비교하면 확연히 차이가 난다.

05 그 상태에서 끊어 준다.

06 완성

(14) 청혼

   사랑하그 싸우고 이별하고 다시 사랑하고…. 이런 일들을 경험하며 두 사람은 성숙한다. 둘의 사랑이 완벽해지는 순간이다. 하나의 틀 안에 두 개의 하트를 이어 그림으로써 청혼을 표현하였다.

   앞에서 설명한 '대립'과 같은 방법으로 그린다. 하트를 둘러싸고 있는 틀만 잘 표현하면 어렵지 않게 그릴 수 있다.

| 만드는 법 |

9초

01 얇은 막을 만든다. 보통 두 바퀴를 기준으로 한다.

02 따른 폼이 컵 테두리를 따라 한 바퀴 돌 수 있게 따르는 속도나 양을 충분히 한다.

03 유동이 덤출 때까지 피처를 그 상태로 유지한다.

04 안쪽에 하트를 그린다.

05 '두 개의 하트'를 그릴 때처럼 점프하듯 두 번째 하트를 그릴 위치로 이동한다.

06 완성

(15) 축복

처음에는 다섯 개의 나뭇잎을 원형으로 그리려고 했
지만 좀처럼 그 형상을 만들 수 없어서 형상을 바꿨
다. 상장을 보면 금박으로 이와 비슷한 무늬가 그려져
있다. 축하를 의미하는 것으로 이 그림의 이름도 '축
복'이라고 이름 붙였다.

소용돌이에 세 개의 나뭇잎을 그렸다. 난이도가 조금 높다. 소용돌이를 그리고 나면
두터운 막이 생겨 나중에 그릴 세 개의 나뭇잎 형상이 퍼져 나가지 못한다. 각 형상의
밸런스를 잡는 것도 쉽지 않다. 하지만 연습하다 보면 형상을 언젠가는 만들 수 있다.

| 만드는 법 |

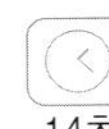
14초

01 나중에 세 개의 나뭇잎을 그려야 하므로 처음부터 소용돌이를 만든다. 양의 조절이 필요하다.

02 폼이 전체적으로 퍼지면 나중에 그리는 나뭇잎의 선명도가 떨어진다.

03 소용돌이의 형상을 따라 양쪽에 나뭇잎을 둥근 형상으로 그린다.

04 빨리 그리는 것이 포인트이다. 이때 왼손의 움직임이 중요하다.

05 한가운데에 나뭇잎을 그린다.

06 완성

(16) Paradise of Love 사랑의 낙원

하트를 둘러싼 무늬는 이상적인 것, 즉 파라다이스를 의미하그로 추상적으로 표현하였다. 추상적 무늬 한가운데에 하트를 그리고 '사랑의 낙원' 이라고 이름을 붙여 Love Story of Caffè & Latte의 마지막을 장식했다.

특별한 어려움 없이 그릴 수 있다. 하지만 어떻게 그리는 것인지 감이 잘 잡히지 않을 수도 있다. 아래의 사진을 천천히 살펴보기를 바란다.

| 만드는 법 |

9초

01 우연히 그려진 파라다이스의 처음 형상이다. 사람 얼굴 같기도 하고 나비 같기도 하다.

02 앞의 '미련'에서 설명한 것처럼 두 갈래로 나누어진 틀을 그린다.

03 틀 한가운데에 하트를 그린다.

04 완성

(17) Paradise of Passion 열정

파라다이스 스타일도 작업 방법에 따라 여러 가지 모양으로 응용이 가능하다. 폼드밀크를 따르는 양과 시간, 위치 등에 따라 형상이 바뀐다. 파라다이스와 나뭇잎의 결합은 노력의 성과이다. 연습의 연속이었다. 그래서 '열정' 이라는 제목을 붙였다.

| 만드는 법 |

8초

01 만들어진 틀이 여지껏 본 것과는 다르다. 라떼아트의 재미와 매력이 바로 이런 것이다. 매번 다른 형상이 만들어진다.

02 나뭇잎을 그릴 위치로 피처를 이동해 그림을 그린다.

03 나뭇잎을 그리는 위치를 바꿔 보는 것도 좋다. 또 다른 느낌의 형상이 만들어진다.

04 완성

(18) Paradise of Beauty 아름다움

　하트, 나뭇잎, 튤립 스타일은 라떼아트의 기본이다.
다른 형상들과 결합시켜 새로운 디자인을 연출할 수
있으므로 언제 어디서나 할 수 있게 연습해야 한다.
라떼아트는 할 때마다 형상이 달라진다. 그 중에서도
파라다이스 스타일은 변화가 다른 디자인에 비해 심하다.
그래서 폼드밀크를 붓는 양이나 시간, 손목의 움직임 등을 기억해 두어야 한다. 튤립
이라는 말에 함축된 예쁘다는 의미를 '아름다움' 이라는 단어로 해석하여 표현하였다.

| 만드는 법 |

10초

| 01 | 02 | 03 |
| 04 | 05 | 06 |

01 틀이 완성되었다. 우선은 이것이 관건. 나름대로 생각하고 도전해 본다.

02 튤립의 밑바탕 작업을 한다.

03 한 잎씩 올리는 그때의 조건에 따라 형상이 틀어지게 된다.

04 한 잎, 한 잎씩 이상적인 그곳을 향하여

05 끊어 주어 마무리한다.

06 완성

(19) For K. H.

정말로 좋아했던 사람, 하지만 이제는 우연히라도 만날 수 없다. 만약 그 사람을 만나게 되면 어떤 그림을 그려 줄까 생각하다 고안해 낸 디자인이다. 많은 시간이 지났지만 마음은 아직 그대로임을 표현하기 위해 컵의 끝에서 끝까지 하트로 수놓았다.

처음 그려진 하트가 다음에 그려질 하트에 영향을 받지 않고 형태를 유지할 수 있게 두께를 가진 막이 필요하다. 그리고 망설이지 말고 속도감 있게 하트를 그려나가야 한다.

| 만드는 법 |

13초

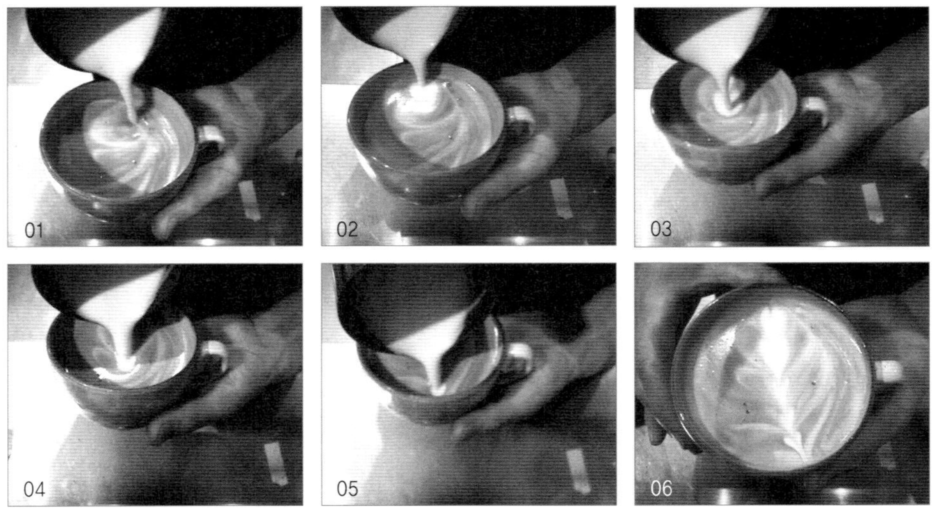

01 기본은 튼튼한 막의 형성이다.

02 하나씩 하트를 그린다. '두 개의 하트'처럼 점프하듯 다음 하트를 그릴 위치로 이동한다.

03 점프하는 동작으로 하트의 형상을 그대로 유지할 수 있다.

04 어느 정도의 크기로 그려야 할지 구도를 잡아야 하므로 컵의 크기를 파악하고 있어야 한다.

05 최대 몇 개의 하트를 그릴 수 있는지. 각자 도전해 본다.

06 완성

(20) Challenge 도전

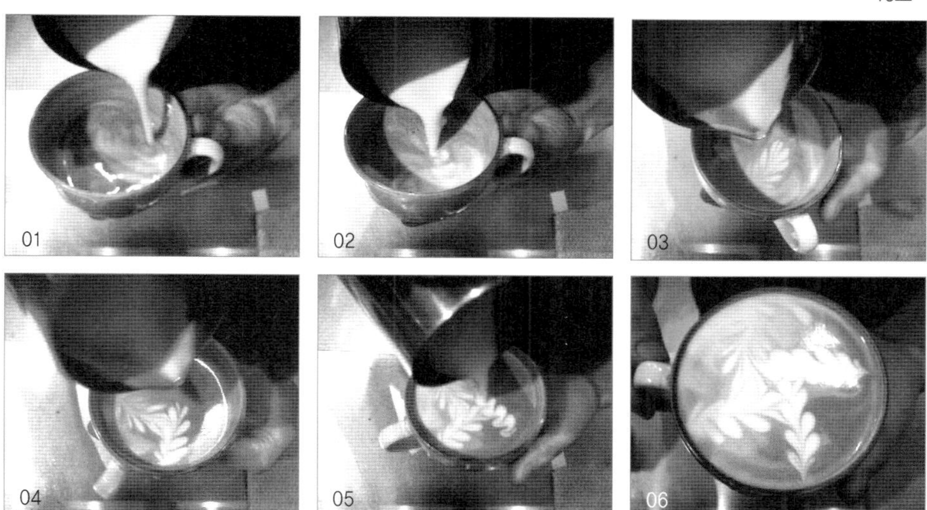

각각 반대 방향으로 놓인 네 개의 나뭇잎이다. 컵 테두리를 하나의 틀, 한계, 고정 관념으로 가정하였다. 나뭇잎을 그리는 마지막 과정인 끊어 주는 동작으로, 한계를 넘고 틀을 부숴 버리는 것을 표현하였다. 그래서 '도전' 이라는 이름을 붙였다. 바리스타로서 ①에스프레소와 ②스티밍, ③스킬, ④라떼아트에 대한 내 열정을 이대로 머무르게 두지 않겠다는 의지이다.

| 만드는 법 |

16초

01 막이 형성되지 않으면 그림이 퍼지고 찌그러진다.

02 손의 움직임을 작게 하여 나뭇잎을 그린다.

03 컵을 회전시킨다.

04 검지를 오므리고 펴는 동작은 자신이 가진 기술을 한 단계 끌어올리는 데 반드시 필요하다.

05 먼저 그린 형상들이 뒤에 그리는 형상에 의해 각도가 바뀌는 것을 고려해야 한다.

06 완성

(21) 나뭇가지

일본에서 개점 작업을 위해 깜깜한 새벽에 길을 걸어
갈 때 나뭇잎이 떨어진 것을 보고 겨울이 다가오고 있
음을 느꼈다. 추워 보이는 나뭇가지에 나뭇잎을 달아
주었다. 이 디자인은 핀을 사용한다. 작업은 간단하다.

'튤립'을 그릴 때처럼 폼을 올린다. 튤립과 차이점이라면 폼
을 지그재그로 올리는 것이다. 그리고 조금 굵은 선으로 가운데를 끊어 하얀 선이 남
게 한 후 핀으로 잎을 펴올린다.

| 만드는 법 |

26초

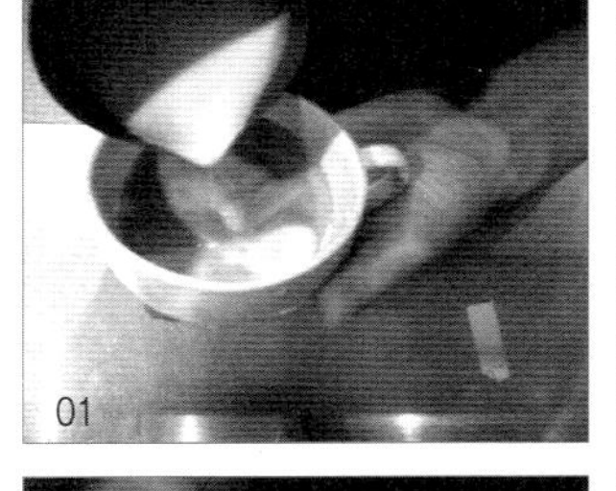

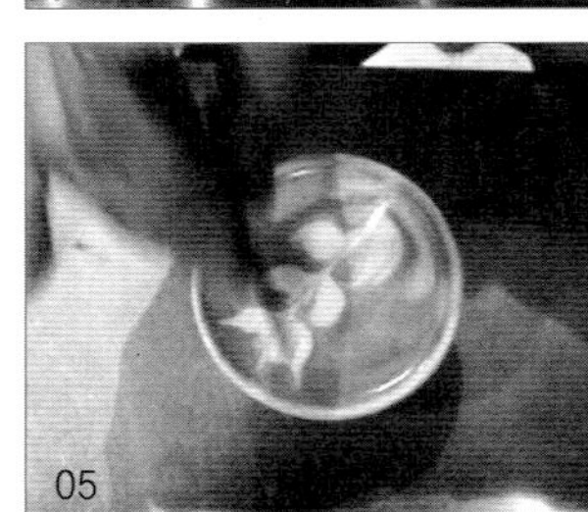

01 컵의 70% 정도에서 적절한 막을 형성시킨다.

02 좌우로 잎을 하나씩 올린다.

03 조금 굵은 폼으로 가운데를 끊는다.

04 만들어진 기본 형틀

05 핀이나 온도계를 이용하여 선을 펴 준다.

06 완성

(22) White Day 화이트데이

원래 '호이트데이'의 이름을 '한메이'로 하려고 했
다. 일본에서 일하던 카페의 여사원 이름이다. 이 원고
를 일본에서 출판하려고 일본어로 작업하면서 그녀에게
많은 도움을 받았다. 감사의 마음을 전하고자 이 디자인
을 고안했다. 또 컵이나 기타 필요한 것들을 보충해 둘 때는

공간이 부족할 정도로 채웠다. 그래서 한 단위 숫자 중 제일 큰 '9'를 그녀의 숫자로
생각하고 아홉 개의 하트를 그렸다. 하지만 그녀의 이름을 붙이면 오해의 소지가 있기
에 '화이트데이'로 이름을 바꾸었다. 그때가 마침 '화이트데이'에 가까운 시기였다.

| 만드는 법 |

18초

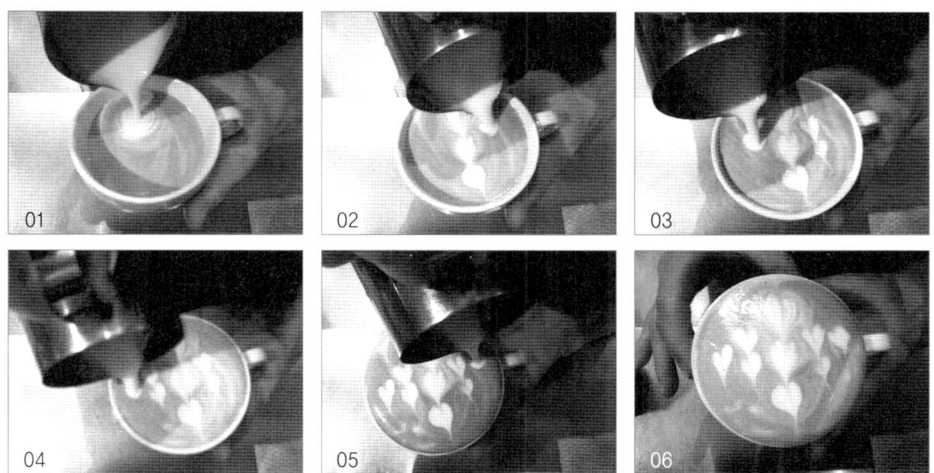

01 컵의 70% 정도에서 밑바탕 작업을 마친다. 그 후 중앙에 세 개의 하트를 그린다.

02 옆에 두 개의 하트를 그린 후 반대쪽으로 이동한다.

03 생성되는 막의 두께 차 등을 고려하여 양쪽 밸런스를 잡기 위해서이다.

04 피처를 옮긴 쪽은 완전히 마무리한다.

05 다시 반대쪽으로 돌아와 마지막 남은 하트를 그린다.

06 완성

(23) 고향

　컵 전체를 나뭇잎으로 채웠다. 내 고향 문경은 산으로 둘러싸인 마을이다. 동경 생활 4년째, 귀국을 앞두고 이 디자인을 그렸다. 빨리 고향에 돌아가고 싶은 마음에 산을 표현했다.

　특별한 기술은 필요없다. 조금 빨리 1, 2단계를 마쳐야 한다. 나뭇잎은 폼드밀크가 많이 필요하므로 작업 시간은 18초, 라떼아트 중에서는 시간이 조금 걸린다. 따라서 되도록이면 망설이지 말고 작업해야 한다.

| 만드는 법 |

18초

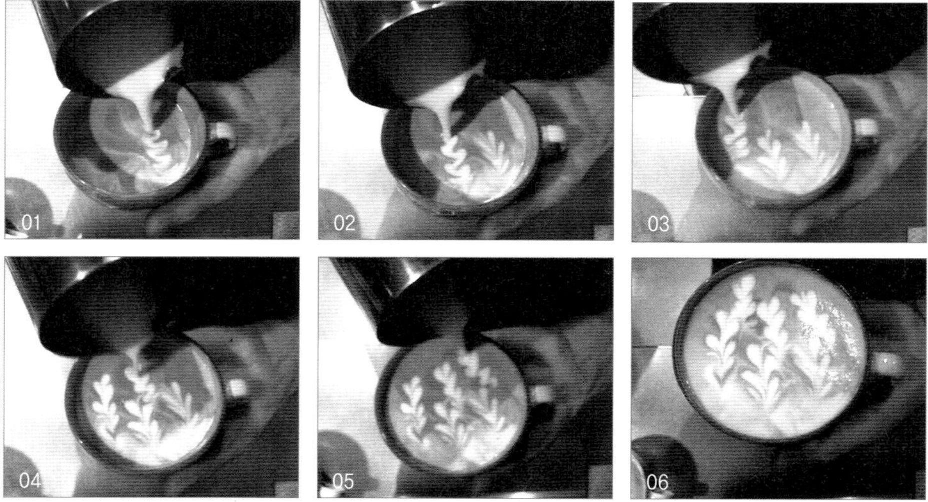

01 적어도 컵의 60~70% 정도에서 밑바탕 작업을 마친다 (2단계).

02 나뭇잎은 크기가 작아도 일정량의 폼드밀크가 필요하다.

03 나뭇잎을 그린다. 머릿속으로 다음에 그릴 위치를 정확히 계산해 두고 있어야 한다.

04 폭이 좁은 나뭇잎을 그리기 위해서 장력을 가진 막을 만들고 피처의 움직임을 적절히 제어한다.

05 공간을 활용한다.

06 완성

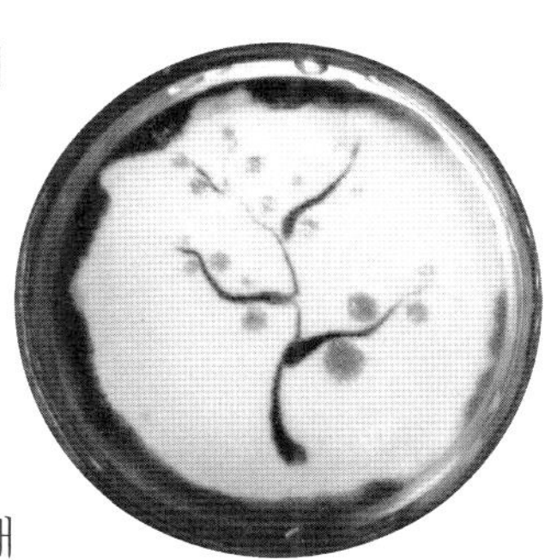

이제까지 피처를 사용하여 여러 가지 디자인을 그려 보았다. 라떼아트는 기술에만 의존하는 것이 아니다. 에스프레스와 우유의 밸런스를 정확히 이해하고 있어야 한다. 우유와 에스프레소라는 사용 소재의 한계에 따라 표현의 한계가 있다. 하지만 핀으로 선을 긋는 것만으로도 표현력이나 전달 메시지의 강렬함은 배가 될 수 있다. 이것이 바로 에칭(etching)의 매력이다.

라떼아트를 하는 데 폭넓은 지식과 경험은 여러 가지로 응용이 가능하며, 또 실전에 있어 대응 능력을 향상시킬 수 있기에 에칭에 대해 알아둘 필요가 있으리라 판단된다.

에칭을 할 때는 몇 가지 도구가 필요하다. 기본적으로 핀, 파우더, 소스 등이 있다. 지금부터 예를 들어가며 사용법을 설명하려고 한다. 라떼아트(혹은 디자인드 카푸치노)에 관한 책에 실린 대부분의 디자인이 기본은 비슷하므로 충분히 가능하리라고 본다. 다시 한 번 말하지만 라떼아트를 하든 에칭을 하든 중요한 것은 본래의 맛을 전달하는 것이다. 아무리 예쁜 디자인이라도 마시기 위한 액체, 음료라는 사실을 기억해야 한다.

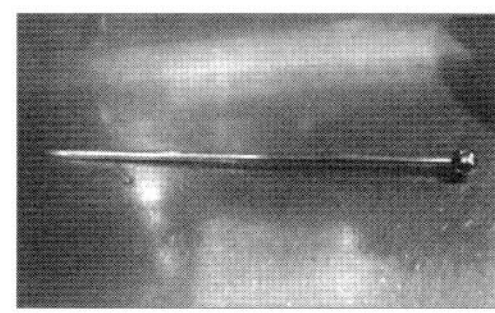

핀

코코아파우더

에스프레소와 스티밍에 대한 기본 지식을 완벽하게 자신의 것으로 만들고 나서 다음 단계로 넘어가야 한다.

이제부터 핀으로 새, 코코아파우더로 나비, 초코소스를 사용해서 슈팅스타(shooting star)를 만들어 볼 것이다.

초코소스

(1) 핀 사용하기 – 새 Bird

　라떼아트에 가까운 디자인으로 마지막에 핀을 사용하여 눈을 그린다. 두 개의 나뭇잎을 그리는 순서대로 양 날개를 그린다. 하지만 나뭇잎과는 달리 한가운데가 아닌 외곽으로 끊어 준다. 한가운데에 머리 부분을 올려놓는다. 그리고 주둥이를 만들기 위해 방향에 주의하면서 피처를 들어 올리며 작업을 마친다. 그리고 핀으로 액체를 찍어 눈을 그린다.

| 만드는 법 |

22초

01 두 개의 나뭇잎과 같은 방식이다. 중간이 아닌 외곽으로 끊어 주어 날개 모양을 만든다.

02 잠시 멈추어 머리 부분을 그리고, 피처를 들어 올리며 주둥이를 만든다.

03 만들어진 새의 형상이다.

04 핀으로 눈을 그려 넣어 완성한다.

(2) 코코아파우더 사용하기 – 나비 Butterfly

코코아파우더를 사용하면 선명함이 확실하게 드러난다. 폼드밀크를 따를 때 작은 동작 하나하나가 그대로 남아 섬세한 모양을 얻을 수 있다. 에스프레소 드링크와 코코아파우더는 잘 어울리므로 특별한 문제없이 사용할 수 있다. 추출한 에스프레소 위에 파우더를 뿌린다. 그리고 원하는 크기의 하트 형상을 만들고 끊는 동작 없이 피처를 들어 올린다. 핀을 사용하여 나비를 그린다.

| 만드는 법 |

55초

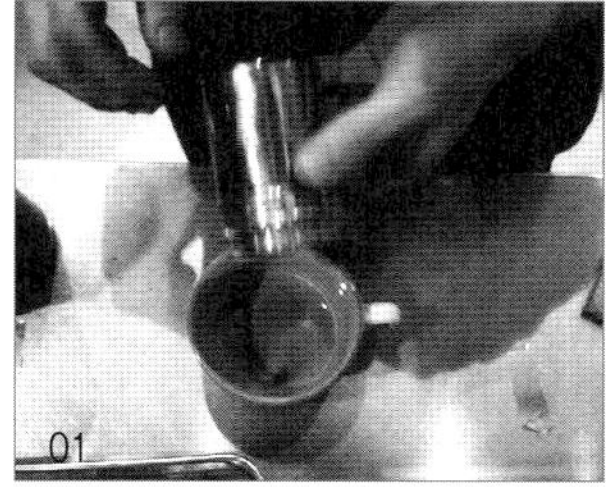

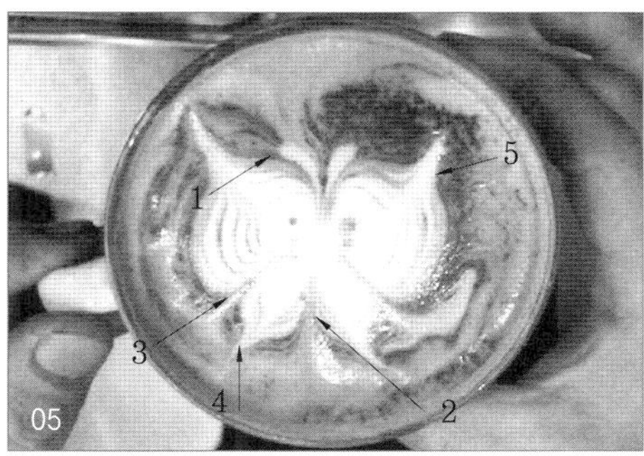

01 파우더를 뿌린다.
03 좌우로 흔들며 원하는 크기의 하트 형상을 만들고 그대로 피처를 들어 올린다.
05 핀으로 폼을 찍어 더듬이와 날개 모양을 만든다.

(3) 초코소스 사용하기 - 슈팅스타 Shooting Star

초코소스와 에스프레소는 잘 어울린다. 디자인에 따라 다르지만 특별한 기술이 없
어도 간단히 그릴 수 있다는 것이 초코소스를 사용한 에칭의 장점이다. 일반적으로 플
라스틱 용기에 소스를 넣어 사용하는데, 용기의 입구가 너무 크거나 작으면 작업이 어
렵다. 입구는 1mm 정도가 적당하다.

컵에 폼드밀크를 가득 따르고 사진처럼 소스를 짜서 기본 형상을 만든다. 그리고 핀
으로 S자를 그리듯이 돌려나간다.

| 만드는 법 |

2잔 90초

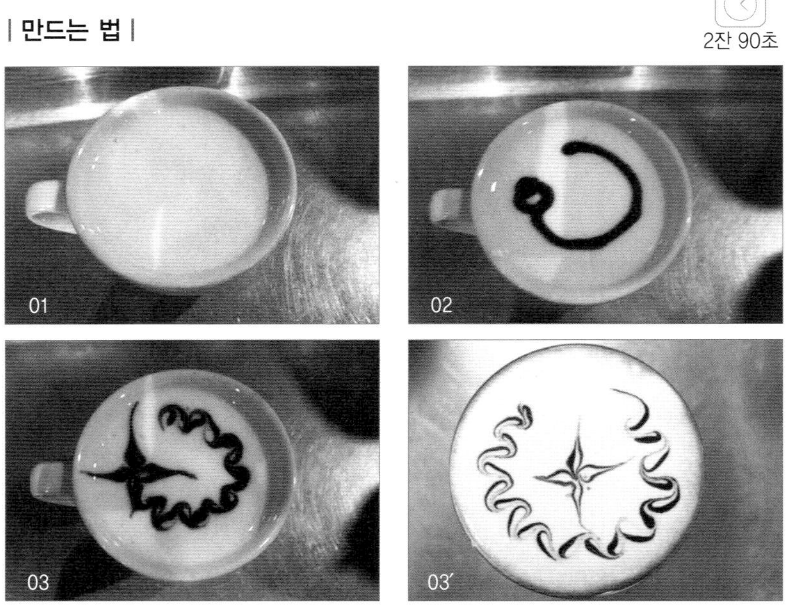

사진은 휘핑 크림을 6부로 해서 작업한 것이다. 요구르트를 사용해도 된다. 여러 가지 응
용이 가능하므로 나름대로 아이디어를 내도 좋다.

5 유지 및 관리 *Maintenance*

정리가 끝난 상태

에스프레소를 추출하는 사람을 바리스타(barista)라고 한다. 바리스타는 에스프레소를 추출하고 음료를 만들며 손님을 맞이하는 업무만 하는 것이 아니라, 경우에 따라서 설거지나 청소도 한다. 또 빠질 수 없는 것이 자신이 사용하는 머신이나 도구를 관리, 점검하고 유지, 관리하는 일을 한다. 개인점포가 아니면 바리스타가 머신을 수리

하는 일은 거의 없고, 메이커의 영업소나 전문 관리회사에 맡긴다. 따라서 보통 유지 및 관리라고 하면 머신을 깔끔하게 유지하고 바른 사용법을 익히며 청소하는 것 정도를 말한다. 이것이야말로 정말 중요한 관리이다.

머신과 밀의 일반적인 관리에 대해 간단히 살펴보자.

1　머신의 유지 관리

1. 항상 깔끔하고 깨끗히 유지한다. 머신은 스테인리스(stainless steel)로 커버가 되어 있는데, 이 커버에 얼굴이 비칠 정도로 깔끔하게 신경 써야 한다. 스티밍을 할 때 뿜어져 나온 우유의 흔적이 남아 있곤 하므로 틈틈이 닦아야 한다. 머신은 자신의 얼굴과도 같다는 것을 명심하자.

커버에 사물이 비칠 정도로 닦는다.

2. 스티밍 전후에 노즐에 맺힌 물방울이나 우유를 제거한다. 이때 되도록이면 머신을 향해서 증기를 뿜지 않도록 한다. 그러면 머신을 깔끔하게 유지할 수 있다. 타월로 노즐을 완전히 감싸서 증기를 내면 작업자도 위험하지 않다. 정확한 작업 요령을 몸에 익히는 것도 유지, 관리이다.

3. 추출 빈도에 따라 필터와 홀더를 가끔씩 씻어 준다. 가루 찌꺼기가 필터의 작은 구멍을 빠져나와 추출 시 함께 섞일 가능성이 있기 때문에 일반적으로 30~40회 사용 후 세척해야 한다.

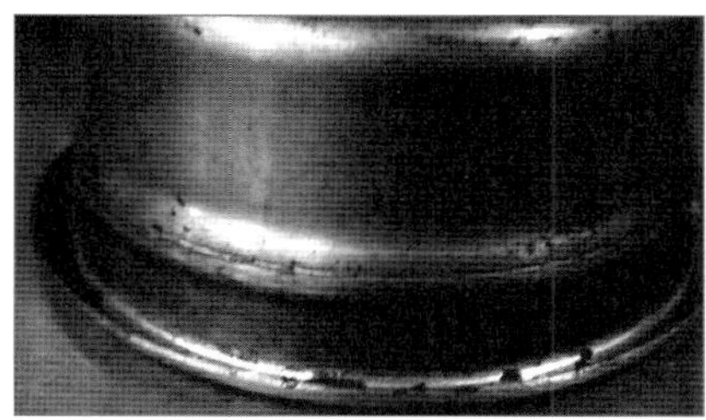
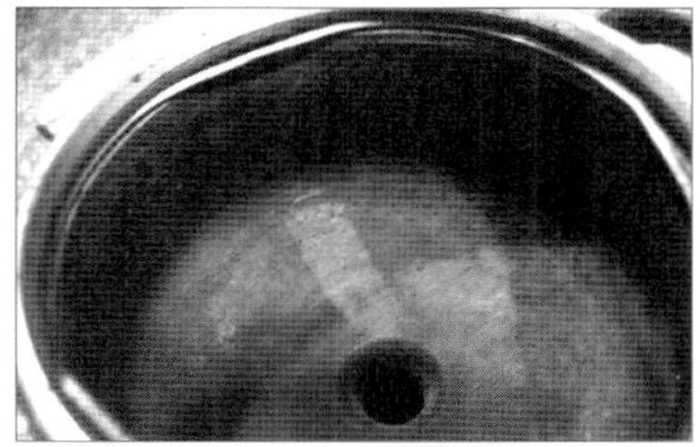

사용 빈도에 따라 가루의 찌꺼기가 필터를 빠져나간다.

4. 영업이 끝나면 필터에 고무패킹(혹은 블라인드 필터)을 삽입하고 몇 번씩 공추출하여 헤드에 붙어 있는 찌꺼기를 제거한다.

5. 헤드에는 디퓨저(diffuser)라는 망이 작은 볼트로 연결 조립되어 있는데, 이 망을 빼서 청소한다.

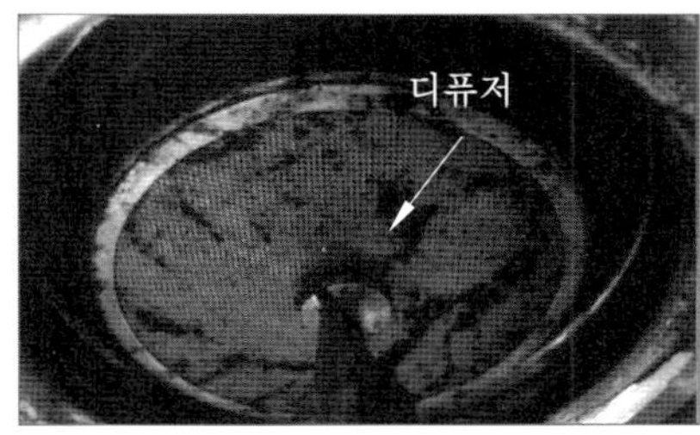

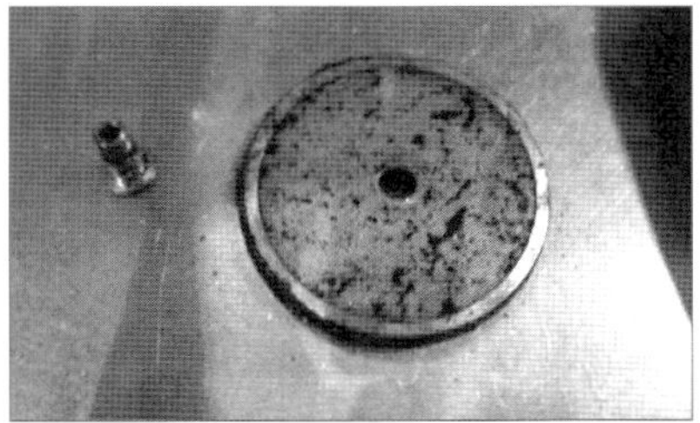

홀더를 빼내어 가끔씩 디퓨저를 청소한다.

6. 항상 머신이 정상적으로 가동되는지 살펴본다. 추출 시에는 9기압 이상인지 압력 게이지를 확인한다. 추출 후에는 압력이 급격히 상승하기도 하고, 사용을 하지 않으면 떨어지기도 한다.

정상 상태의 압력 게이지

7. 보일러의 수위를 표시하는 워터 레벨 사이트 글라스(water level sight glass)를 가끔씩 확인한다. 절반 정도로 일정량이 유지되어야 하는데, 수위가 낮아지면 인위적으로 압력을 올릴 수 있는 물을 로딩하기 위한 긴급 버튼(emergency button for loading water)을 눌러 응급처치를 하면서 사용할 수 있다. 이런 경우 이 버튼을 사용하지 않고 전원을 끄는 것이 안전하다. 머신의 사용을 중지하고 관리회사에 연락하여 적절한 조치를 받는 것이 바람직하다.

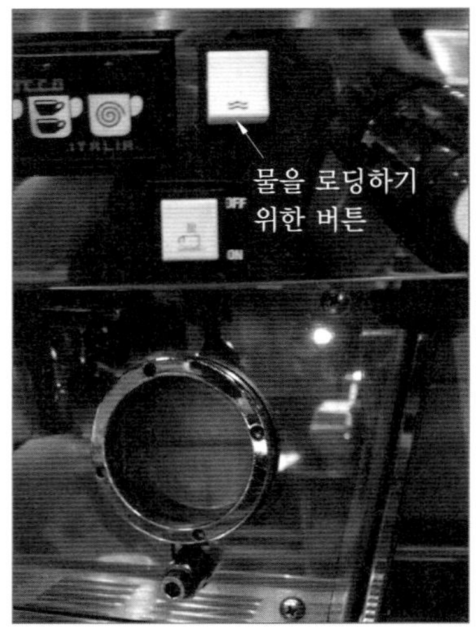

워터 레벨 사이트 글라스

2 밀의 유지 관리

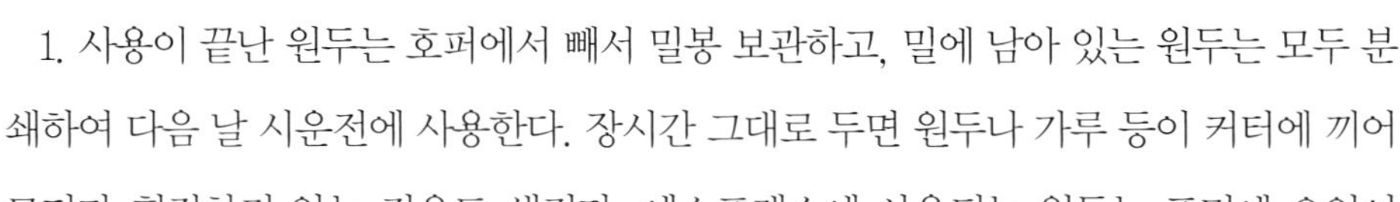

1. 사용이 끝난 원두는 호퍼에서 빼서 밀봉 보관하고, 밀에 남아 있는 원두는 모두 분쇄하여 다음 날 시운전에 사용한다. 장시간 그대로 두면 원두나 가루 등이 커터에 끼어 모터가 회전하지 않는 경우도 생긴다. 에스프레소에 사용되는 원두는 표면에 오일이

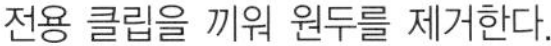

전용 클립을 끼워 원두를 제거한다.　　　　깨끗한 타월이나 티슈로 오일 성분을 제거한다.

나와 있을 정도로 배전이 깊다. 커터에 오일이 점착되어 날이 무디어지기도 한다.

2. 호퍼에 묻어 있는 오일 성분을 깔끔히 제거한다. 에스프레소에 있어서 신선한 오일 성분은 빠질 수 없지만 시간이 지나 산화되면 맛에 나쁜 영향을 미친다. 호퍼에 붙어 있는 오일이 다음에 넣는 원두에 옮겨 붙어 원두의 질을 떨어뜨린다.

3　추출 컨트롤 조작버튼

오른쪽 사진은 일본에서 사용했던 머신 라마르조꼬의 추출에 사용하는 조작 판넬(coffee dispensing control panel) 부분이다. 각 버튼의 의미를 잘 모르는 이들이 의외로 많아 간단히 설명할까 한다.

라마르조꼬의 조작 판넬

이 버튼들은 설정된 일정량이 추출되면 자동으로 멈추는 자동 추출 버튼이다. 시간이 얼마나 걸리든 상관없이 정해진 양만을 추출한다. 버튼을 다시 누르면 추출이 멈추어 수동 추출 버튼처럼 사용할 수도 있다.

버튼마다 추출량 설정이 가능하다. 설정이 어떻게 되어 있느냐에 따라서 양이 달라진다. 이 버튼을 누르면 싱글, 저 버튼은 누르면 더블이라는 오해를 하지 않기를 바란다.★

	싱글을 의미한다. 즉 30 cc의 에스프레소를 추출할 때 사용한다.
	룽고를 의미한다. 양이 조금 더 많은 싱글이다.
	더블을 의미한다. 30 cc를 두 잔 추출할 때 사용한다.
	룽고를 두 잔 추출할 때 사용한다.

6 수동 배전 *Original Hand Roast*

바리스타라면 한 번쯤 스스로 배전을 해 볼 필요가 있다. 간단히 말하면 배전이란 생두에 열을 가하는 것일 뿐이므로 생각만큼 어렵지 않다. 물론 진정한 의미에서 배전이란 원두에 대한 지식과 배전기의 원리, 조작, 개인의 감성 없이는 할 수 없는 작업이다.

실제로 배전기를 접할 수 있는 환경이 많이 없고, 바리스타가 배전가(roaster)가 될 필요는 없다. 하지만 자신이 사용하는 원두가 어떤 상태에서 어떤 과정을 거쳐 자신의 손에 닿게 되는지를 알기 위해서 배전을 해 보는 것이 좋다. 이렇게 함으로써 원두를 더욱 소중히 여기게 되고, 자신이 만드는 에스프레소나 라떼를 만드는 것에 더욱 관심을 가질 수 있다.

1 수동 배전 준비

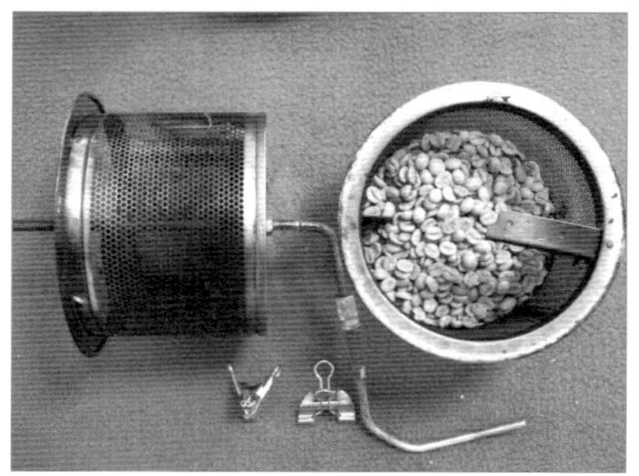

오리지널 수동형 배전기. 싱크대에서 찌꺼기를 받아 내는 통을 사용했다. 회전 시에 생두의 섞임을 유도하기 위해 날개를 붙였다. 클립을 사용하여 두 통을 고정했다.

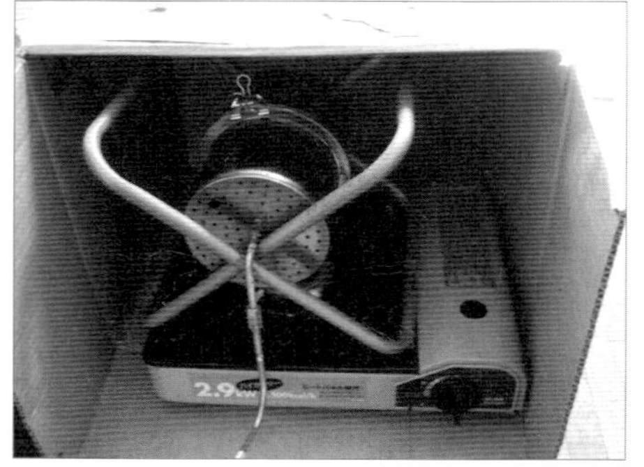

휴대용 의자의 골격을 사용하여 지지대를 만들었다. 그리고 종이상자를 2중으로 해서 바람의 영향을 줄였다(항상 화재에 주의한다).

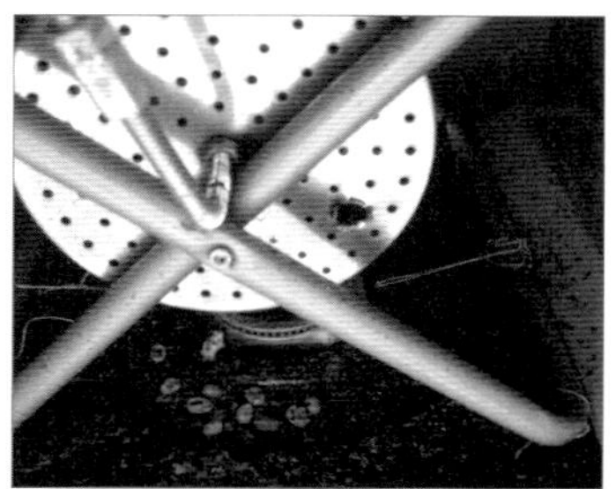

생두보다 조금 크게 구멍을 뚫어 가끔씩 생두가 떨어질 수 있게 했다. 생두의 상태를 파악할 수 있다.

생두에는 오른쪽 사진처럼 결점두가 섞여 있다. 곰팡이, 발효, 벌레먹음 따위의 전문적인 지식은 필요없다. 정상적이지 않은 것들은 무조건 제거한다. 따로 결점두만 모아 배전해서 그 액체를 마셔 보면 결점두 제거의 중요성을 알 수 있다.

수동 배전 준비가 되었으면 점화를 하고 중불로 조절한다. 화력에 따라 걸리는 시간은 다르다(처음 터짐이 일어날 때까지는 분당 60회, 터짐이 일어나면서부터는 100~120회 회전시킨다).

3분 정도가 지나면서 실버스킨이라는 얇은 막이 떨어진다. 조금 더 시간이 지나면 풀냄새 같은 냄새가 올라온다. 7~8분이 지나면 커피 특유의 향이 올라온다. 10분 정도가 지나면 향이 더욱 강해지고 배전기를 돌리는 무게도 많이 줄어든 것을 느낄 수 있다.

1. 라이트(light) 1차 터짐이 일어나기 시작하는 지점. 아직 생두는 부풀어 오르지 않는다. 맛을 표현하기에는 부족한 상태이다. 산미가 너무 강해서 다른 맛은 전혀 찾아볼 수 없다.

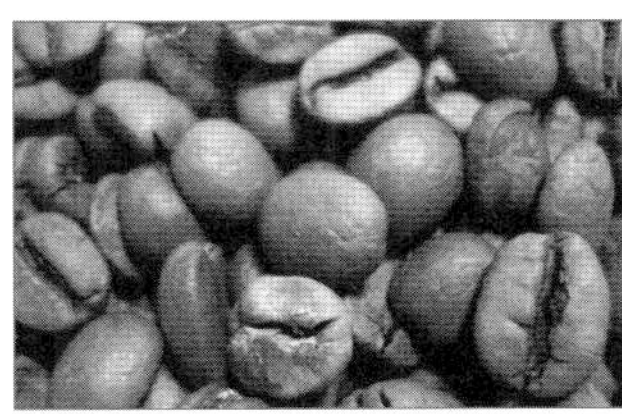

라이트

2. 시나몬(cinnamon) 1차 터짐의 중간 지점. 색이 시나몬과 비슷해서 이름이 붙여졌다는 설이 있다. 맛의 표현이 아직 부족하기 때문에 라이트와 시나몬의 배전은 거의 사용되지 않는다.

시나몬

3. 미디엄(medium) 1차 터짐이 끝난 지점. 생두에서 원두로 변하는 과정에서 겨우 한 고개를 넘었다. 산미, 잡미가 아직 강하다. 하지만 커피의 종류에 따라서 이 배전도가 적합한 것도 있다.

미디엄

4. **하이(high)** 1차 터짐이 끝나고 조금 시간이 지난 지점. 아직 산미가 강하지만 그 정도가 꺾이는 지점이다. 향기가 좋아서 흔히 드립식 추출에서 스트레이트로 마실 때에 많이 사용된다.

하이

5. **시티(city)** 생두가 부풀어 오르기 시작한다. 2차 터짐이 일어나기 시작하는 지점. 이 지점부터 깊은 배전 영역으로 넘어간다. 산미가 줄고 쓴맛이 나타나며 희미하게 단맛도 느낄 수 있다.

시티

6. **풀시티(full city)** 2차 터짐의 중간 지점. 산미가 확실히 줄고 쓴맛이 증가한다. 표면에 오일 성분이 나타난다. 에스프레소에 사용하는 원두 중 가장 많이 적용된다.

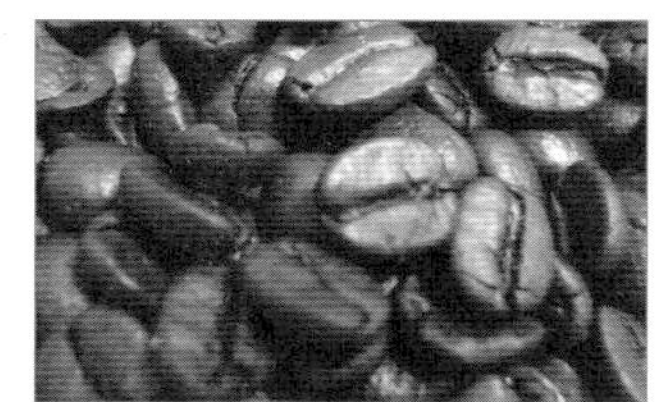

풀시티

7. **프렌치(french)** 2차 터짐이 끝나는 지점. 쓴맛이 강하고 쓴맛 뒤에 단맛을 느낄 수 있다. 산미는 거의 사라진다. 에스프레소나 아이스커피에 많이 사용되는 배전도이다.★

★ 과거 프랑스에서는 유럽의 다른 나라들에 비해 배전이 깊게 이루어졌다고 한다.

프렌치

8. **이탈리안(italian)** 2차 터짐이 끝나고 앞으로 더 나아간 상태. 표면의 오일 성분마저 타버린 느낌이 든다. 쓴맛 이외의 다른 맛은 좀처럼 느낄 수 없다. 아이스커피 외에는 거의 사용되지 않는다.

이탈리안

원하는 배전이 이루어졌으면 다른 용기에 옮겨 부채나 선풍기를 이용하여 빨리 식힌다. 잔열에 의해 배전이 진행될 수 있기 때문이다.

브라질 산토스 No2. 생두와 원두의 크기 차이를 비교하면 약 1.5~2배 정도가 된다.

　간단하기 배전의 과정과 배전도에 대해서 설명했다. 아직 전 세계적으로 표준화된 기준은 없는 실정이며, 위에서 설명한 것은 일본에서 보편적으로 알려진 배전도이다. 그래서 배전도는 사람마다 기업마다 다르다. 미국스페셜티커피협회(SCAA)에서는 색의 차이를 이용해 객관적으로 배전도를 측정하는 방법을 사용하고 있지만 아직 세계 어디서나 공통 적용이 가능한 기준은 아니다.

　수동형 배전에서 가장 주의해야 할 것은 바람이다. 바람의 영향에 따라 작업 시간이 10분이 될 수도 있고 30분이 될 수도 있다. 작업 중 가장 신경을 써야 할 부분이 안전이다. 생두에서 떨어진 찌꺼기 등이 날려 화재를 초래할 가능성도 있고, 또 뜨겁게 달궈진 도구에 화상을 입을 위험성이 항상 존재하고 있다는 것을 명심해야 한다.

　배전 시 자료가 될 수 있는 배전기록표와 원두의 맛을 평가할 때 사용할 수 있는 컵 테스트 표를 첨부하니 참고하길 바란다.

배전기록표 (LOT NO   )

배전자 | 서일원 | 날짜 | 200 . . | 날씨 | 맑음 | 흐림 | 비 | 실온 | 25℃ | 습도 | 60%
배전목표 | | | | 배전방식 | 구매단위(g) | 가격 | 배전단위(g)
생두명 | | TYPE | A | B | C | D | 목표배전도 | 리어트 | 시나몬 | 미디엄 | 하이 | 시티 | 풀시티 | 프렌치 | 이탈리안

Hand Pick Check Point | 돌 | 퍼치멘트 | 발효두A | 발효두B | 벌레먹음 | 콩코 | 사두 | 미성숙두 | 곰팡이 | 흑두 | 이상변형 | 그외
결점두수

Hand Pick 특기사항

분 | 1 | 2 | 3 | 4 | 5 | 6 | 7 | 8 | 9 | 10 | 11 | 12 | 13 | 14 | 15 | 16 | 17 | 18 | 19 | 20 | 21 | 22 | 23 | 24 | 25 | 26 | 27 | 28 | 29
배기온도
배전온도
가스압력
Damper

중점 | 시간 | 배기온도 | 배전온도 | Damper
1차터짐 | 시간 | 배기온도 | 배전온도 | Damper
2차터짐 | 시간 | 배기온도 | 배전온도 | Damper
종료 | 시간

배기온도
분 — 배기온도 — 배전온도 — 가스압력 — Damper
210 160 110 60
시간

Cup Taste Check Point | 배전직후 | 일째 | 일째 | 그외특기사항
0 1 2 3 4 5
배전차이
쓴맛
산미
단맛
떫은맛
풍미 향기 마신후
깊이
부드러움
균형감
액체의 색
잡미

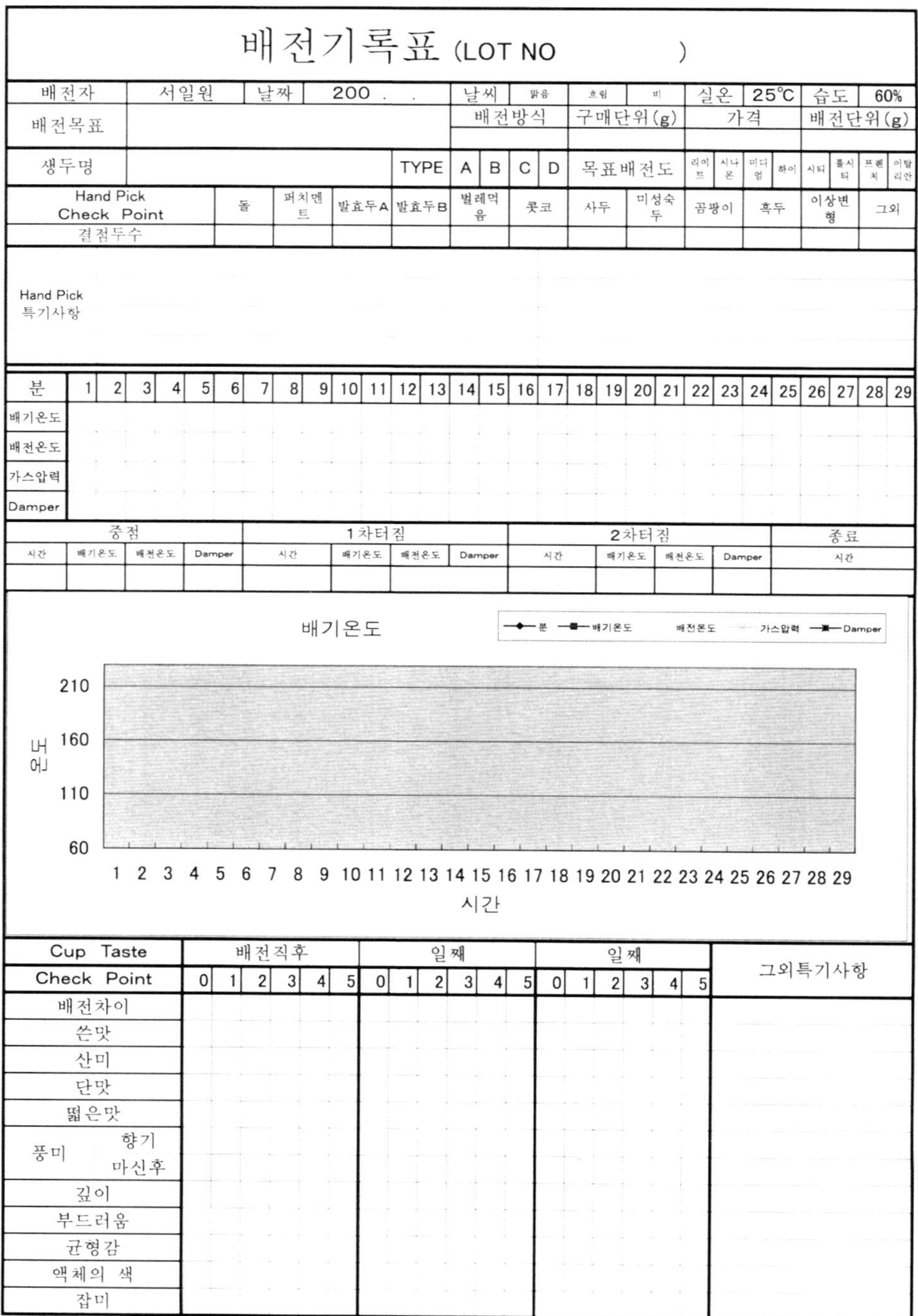

Cupping (LOT NO　　　　　)

검사자	徐一源	날짜	200 ．　．		날씨	맑음	흐림	비	기온	25℃	습도	60%
검사목적					검사방식		원두량		분쇄도		물의온도	추출량
원두명		TYPE	A	B	C	D	배전도		구입량		금액	**g**당가격

샘플에 관한 특기사항	

Cup Test		70℃	45℃	25℃	평균	특기사항
검사항목	평점구분					
배전상태	원두0～10					
	분쇄0～10					
Fragrance (향)	원두0～10					
	분쇄0～10					
	추출0～10					
Clearness (투명성)	0～10					
Flavor (풍미)	0～10					
Acidity (산미)	0～10					
Sweetness (단맛)	0～10					
Body (깊이)	0～10					
Blance (균형감)	0～10					
Aftertaste (끝맛)	0～10					
Overall (전체감)	0～10					
Fault (잡미)	0～-20					
Total (총점)	0～100					
Straight 가능성	0～10					
Blanding 가능성	0～10					

검사자 개인소견

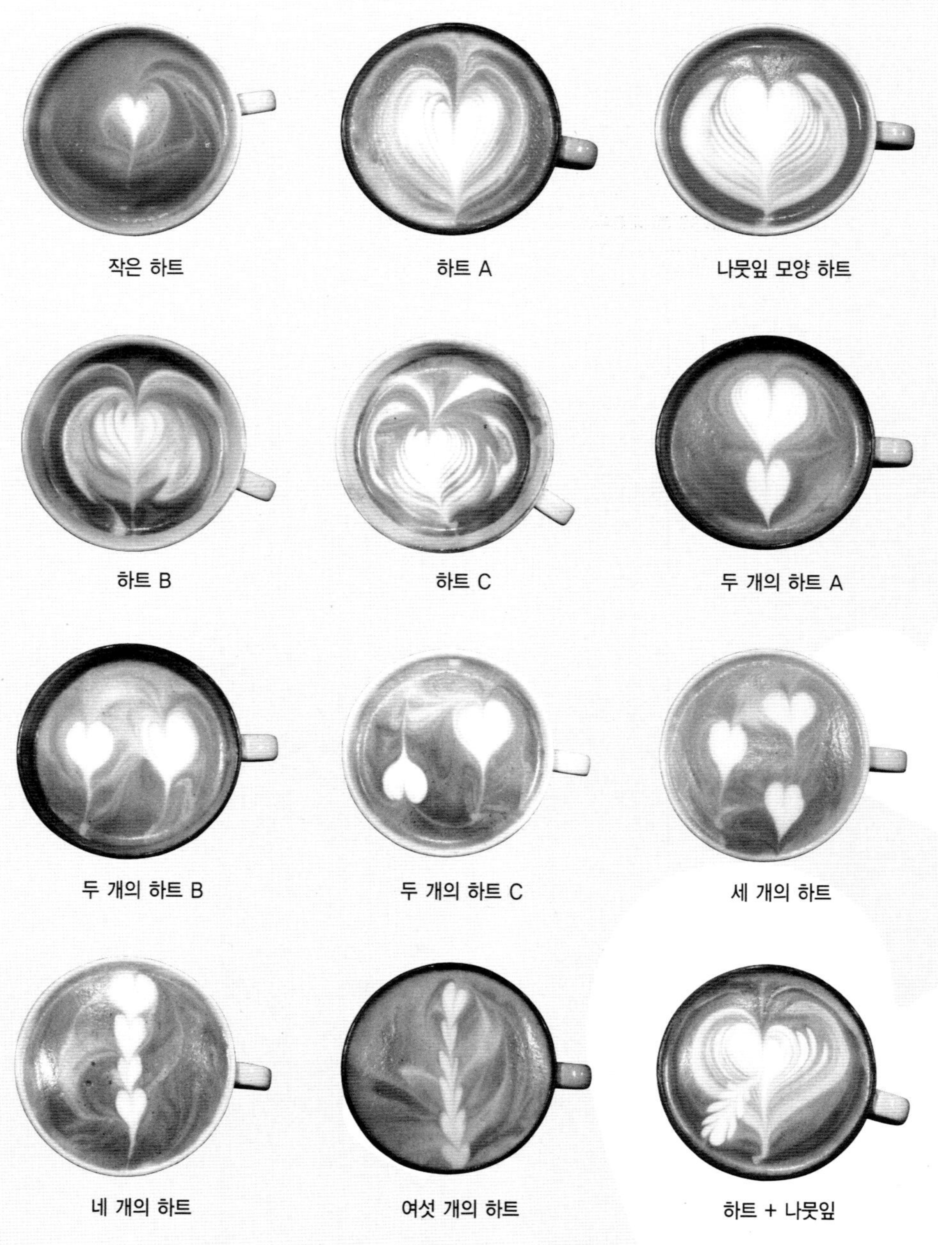

작은 하트

하트 A

나뭇잎 모양 하트

하트 B

하트 C

두 개의 하트 A

두 개의 하트 B

두 개의 하트 C

세 개의 하트

네 개의 하트

여섯 개의 하트

하트 + 나뭇잎

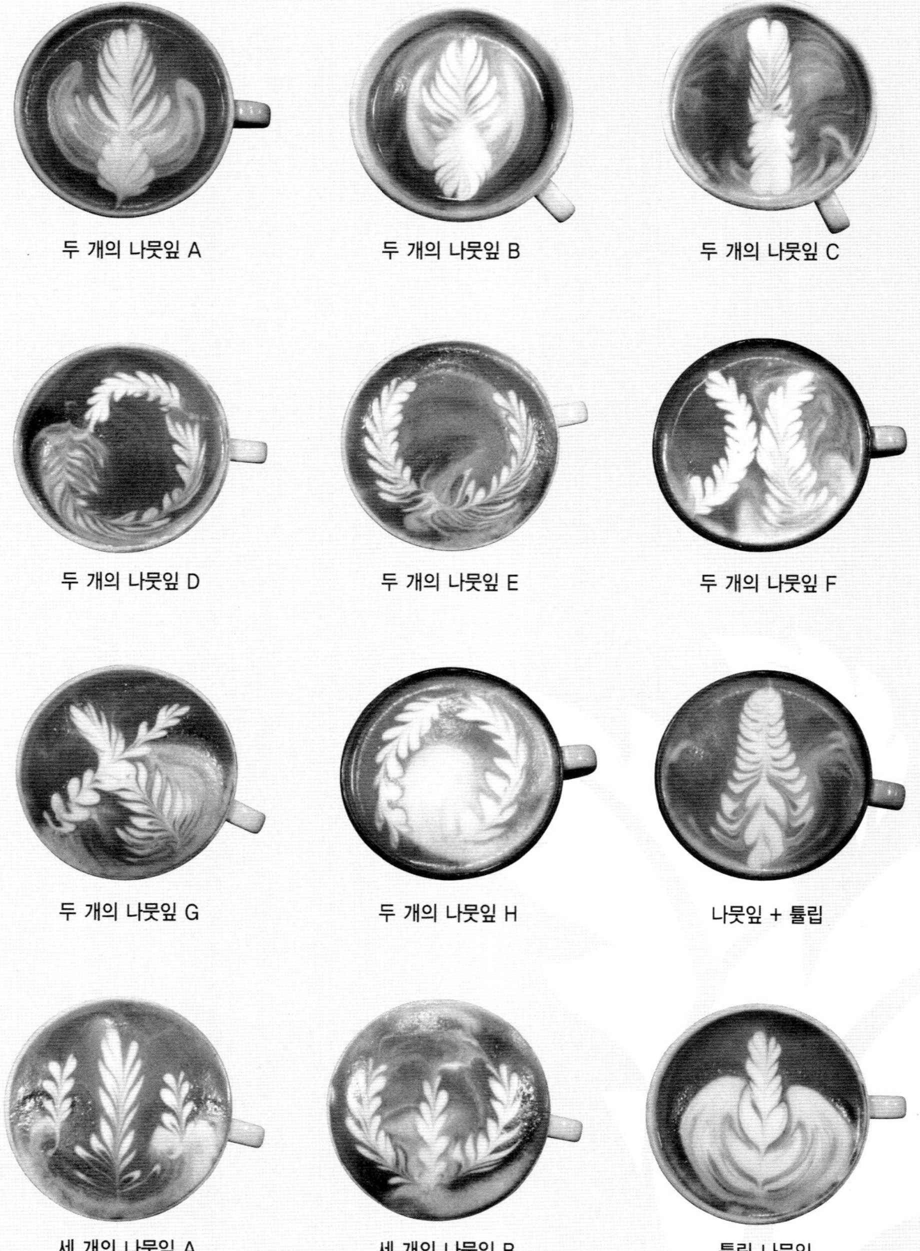

두 개의 나뭇잎 A
두 개의 나뭇잎 B
두 개의 나뭇잎 C
두 개의 나뭇잎 D
두 개의 나뭇잎 E
두 개의 나뭇잎 F
두 개의 나뭇잎 G
두 개의 나뭇잎 H
나뭇잎 + 튤립
세 개의 나뭇잎 A
세 개의 나뭇잎 B
튤립 나뭇잎

튤립 나뭇잎 + 두 개의 나뭇잎

튤립 하트 + 두 개의 나뭇잎

네 개의 나뭇잎 A

네 개의 나뭇잎 B

네 개의 나뭇잎 C

다섯 개의 나뭇잎 A

다섯 개의 나뭇잎 B

다섯 개의 나뭇잎 C

다섯 개의 나뭇잎 D

튤립 스타일

튤립 + 하트

튤립 A

튤립 B

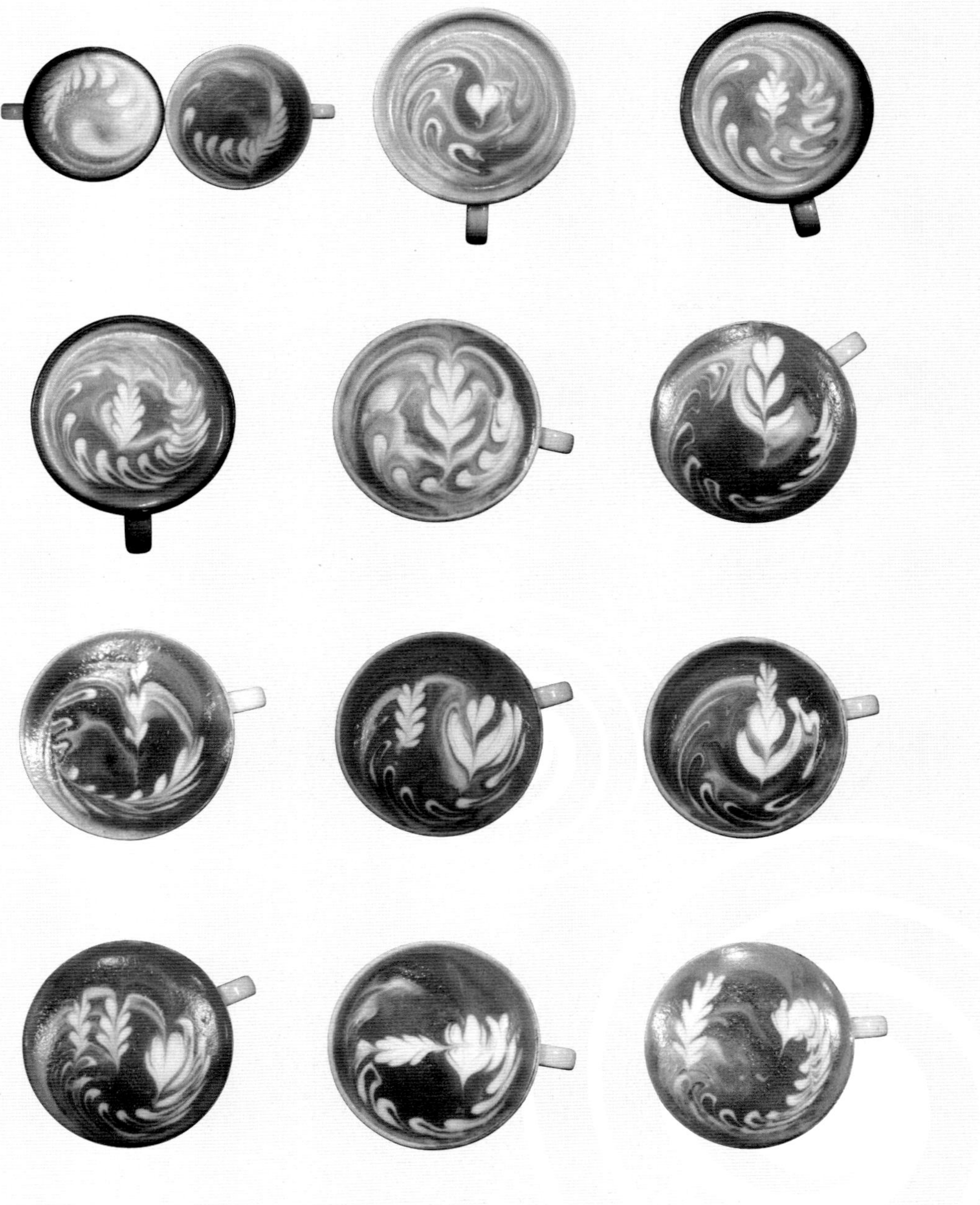

Paper Cup Art Gallery

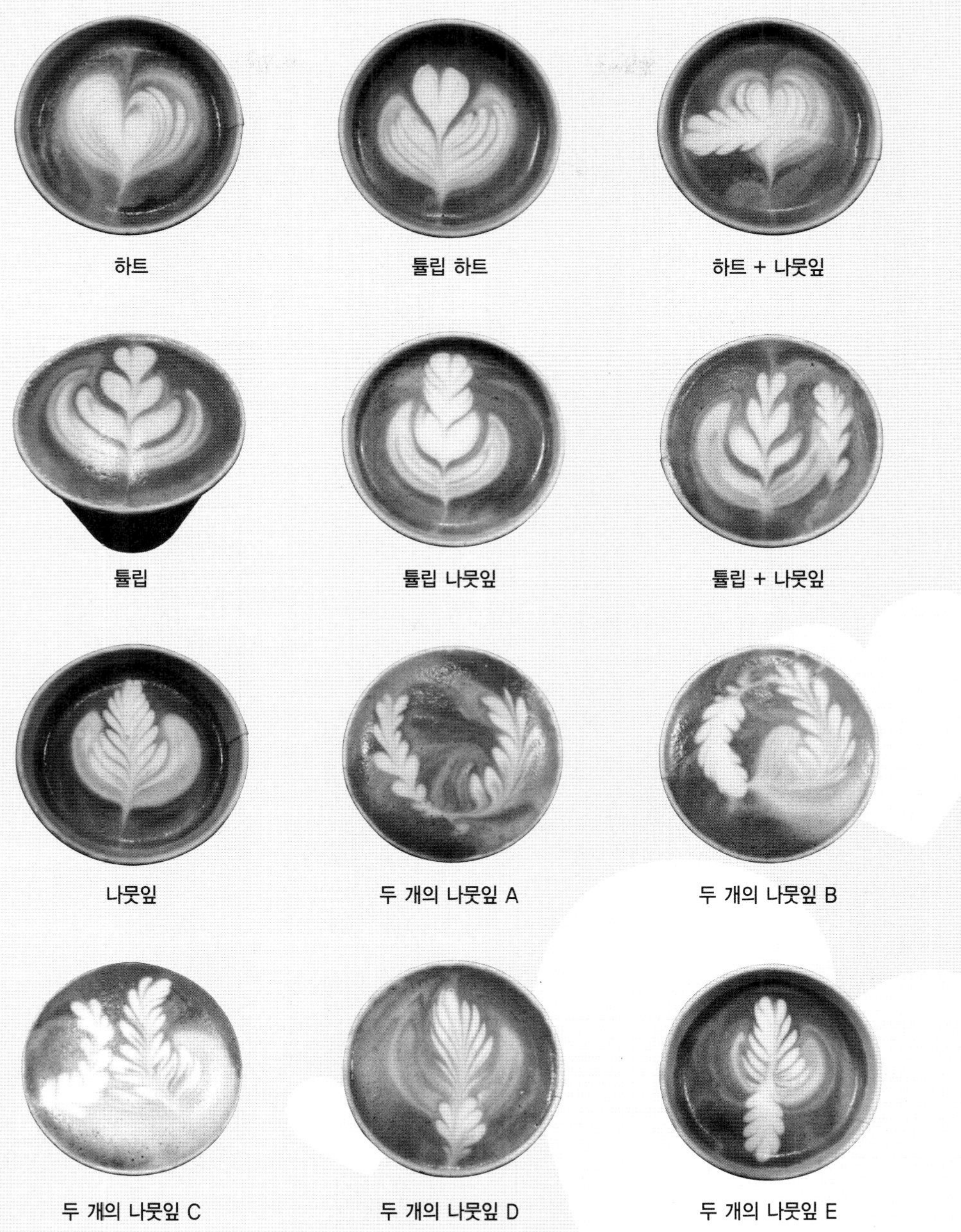

두 개의 나뭇잎 F

세 개의 나뭇잎 A

세 개의 나뭇잎 B

네 개의 나뭇잎 A

네 개의 나뭇잎 B

네 개의 나뭇잎 C

다섯 개의 나뭇잎

소용돌이 + 하트

소용돌이 + 나뭇잎

소용돌이 + 튤립

소용돌이 + 하트 + 나뭇잎

소용돌이 + 두 개의 나뭇잎

쥐의 얼굴
쥐
말
나비
나비와 유성
아기 코끼리
나무
남자얼굴
귀족
프로펠러
프로펠러의 회전
우주

>> 참고문헌

맥스위니 저, 전우민 · 강신호 · 김세현 옮김,『우유와 유제품의 생화학』, 라이프 사이언스, 2007.
박승용 저,『우유생산과 가공』, 유한 문화사, 2003.

田口 護,『田口護の珈琲大全』, 東京：NHK出版, 2003.
小野 善造,『究極の自家焙煎術』, 東京：マイコミ, 2008.
廣瀨 幸雄 · 圓尾 修三 · 星田 宏司,『コーヒー學入門』, 東京：人間の科學社, 2007.
旭屋出版 カフェ＆レストラン 編集部,『コーヒー＆エスプレッソの教科書』, 東京：旭屋出版, 2007.
橫山千尋,『橫山千尋 Barista Book』, 東京：旭屋出版, 2006.
旭屋出版 カフェ＆レストラン 編集部,『The Text of Barista』, 東京：旭屋出版, 2002.
門脇 洋之,『エスプレッソ Book』, 東京：紫田書店, 2004.
中野 弘志,『コーヒー自家焙煎敎本』, 東京：紫田書店, 2001.
澤田 洋史,『Free Pour Latte Art』, 東京：旭屋出版, 2009.

Kenneth Davids, *Espresso−Ultimate Coffee*, Diane Publishing Co., 2001.

> 자료출처

www.gaggia.com
www.Bezzera.com
www.la-pavoni.com
www.cimbali.com
www.lamarzoccousa.com

카페와 라떼의 사랑이야기

2011년 1월 15일 1판 1쇄
2012년 1월 15일 1판 2쇄

저자 : 서일원
펴낸이 : 남상호

펴낸곳 : 도서출판 **예신**
www.yesin.co.kr

140-896 서울시 용산구 효창원로 64길 6
대표전화 : 704-4233, 팩스 : 335-1986
등록번호 : 제03-01365호(2002. 4. 18)

값 10,000원

ISBN : 978-89-5649-085-4

＊이 책에 실린 글이나 사진은 문서에 의한 출판사의
동의 없이 무단 전재·복제를 금합니다.